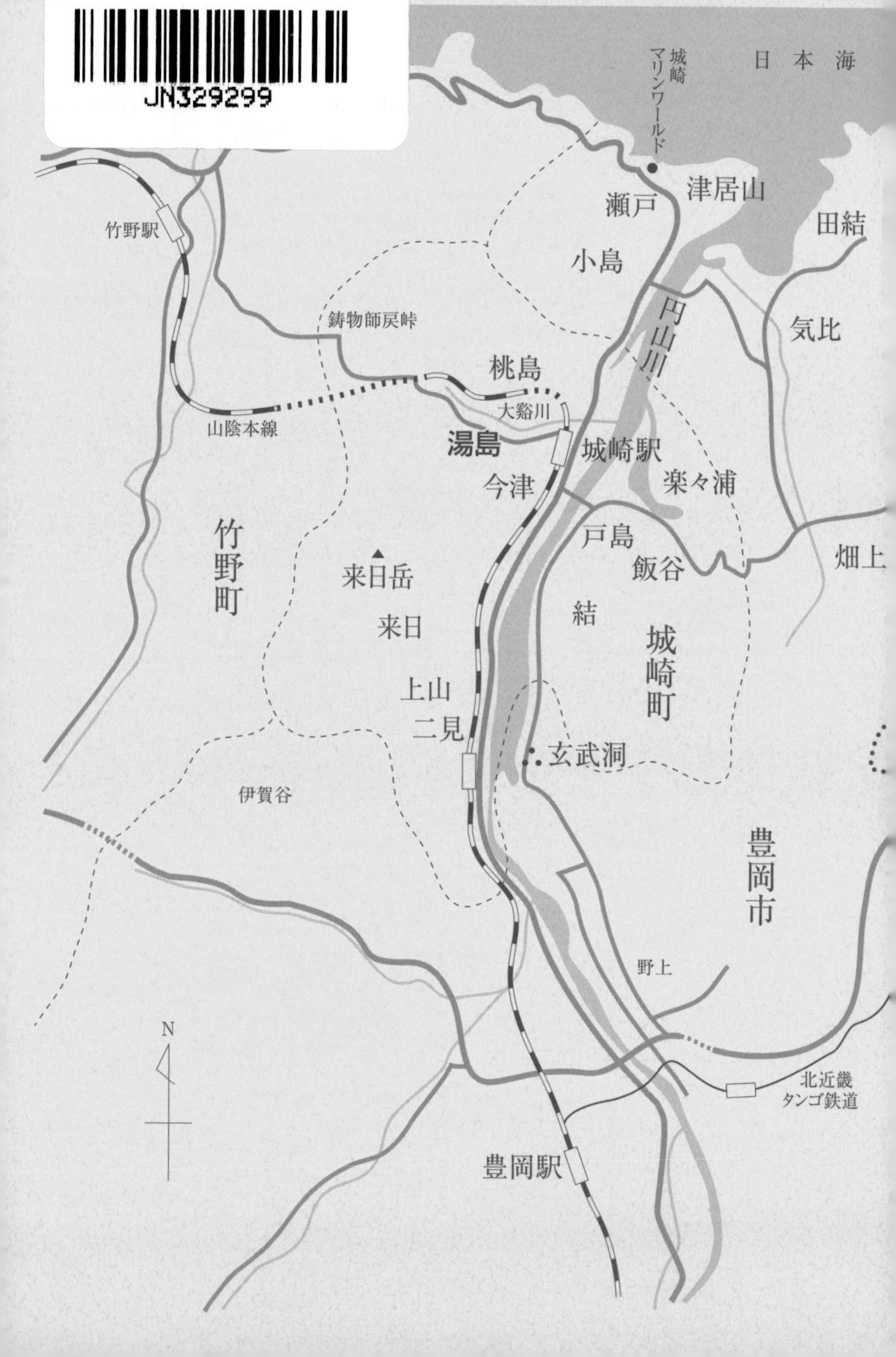
日本海
城崎マリンワールド
津居山
瀬戸
田結
小島
円山川
気比
竹野駅
鋳物師戻峠
桃島
大谿川
山陰本線
湯島
城崎駅
今津
楽々浦
戸島
飯谷
畑上
竹野町
来日岳
来日
結
城崎町
上山
二見
玄武洞
伊賀谷
豊岡市
野上
N
北近畿タンゴ鉄道
豊岡駅

改訂版

城崎物語

神戸新聞但馬総局・編

きのさき。なんと歯切れのいい響きを持つ音だろう。夏は緑濃く、冬雪深い但馬の風土の中で育まれたいで湯。口に含むと、あっさりとした塩味のする透き通ったその湯は、古来から幾人に愛されただろうか。木造三階建ての旅館街、サラサラと流れる大谿《おおたに》川と柳並木は、やさしい旅情を誘う。

東は円山川、三方を豊かな山に囲まれた谷を舞台に、人と自然の限りないドラマが繰り広げられた。

全国の温泉地は約三千カ所、泉源数はざっと二万七千にものぼる。外国の温泉地になると、ドイツやフランスで二百カ所前後。アメリカとイタリアには、日本なみに多くの温泉が湧くが、入湯の習慣は、古代ローマ人と日本人だけにしかみられないという。

伝説によると城崎温泉（兵庫県城崎郡城崎町）の歴史は、今から約千四百年前にさかのぼる。文書に初めて登場したのは、十世紀初めに成立した『古今和歌集』だ。藤原兼輔（八七七―九三三）が「たじまのくにのゆへまかりける時に」詠んだ歌が、千一百首の中に収められたのだった。

同じ兵庫県内でも、都に近く天候も良い「有馬の湯」の方が、確かに歴史は古い。しかし、雨多く、冬は雪に閉ざされる「但馬の湯」は、不思議な魅力で人々を呼ぶ。峠の難路を越え、円山川を舟で下り……。

庶民文化が花開く江戸時代。当代随一の医師・香川修庵が「此邦《このくに》諸州温泉極めて多し。但州城崎新《あら》湯《ゆ》を最第一とす」と、当時の「新湯」、今の「一の湯」をほめちぎり、城崎は不動の地位を確立した。

幕府の儒官・柴野栗山をはじめ、多くの入湯客でにぎわい、黄金時代を迎えた。

幕末維新では、歴史の裏舞台に名をとどめ、明治の元勲たちもこの地に通った。大正時代には志賀直哉『城の崎にて』の舞台となるなど、これほどあり余る光栄に浴した温泉地はあるまい。

しかし、この地に湯の恵みをもたらした大地は、思いもよらぬ試練を与えた。大正十四年（一九二五）の北但大震災は多くの命と温泉街そのものを奪った。また決して豊富にはない湯をめぐり、町中が内紛に明け暮れた時代もあった。だが震災から街はよみがえり、争いは画期的な湯の集中管理方式を生みだした。団体客が押し寄せた高度経済成長期、はびこる暴力団との闘い、温泉離れと不況、そして静かに訪れた温泉ブーム、豊岡市などとの合併による城崎町の消滅――。激しい波にもまれながら、この町は湯を唯一のよりどころとして生きてきた。

さて、この物語では、古代から現代までの時代の中に散りばめられた、数々の記録や出来事を拾っていく。伝承や古文書、碑《いしぶみ》に眠るいにしえの城崎。親から子へ語り継がれたり、文学の中に生きる城崎。そして人々の胸に芽吹く明日の城崎。日本の風土に特異な彩りを添えるこの町は、二十一世紀を迎えても、全国の温泉ファンを楽しませてくれる。城崎が、いつまでも「但馬の湯」として私たちに温もりを与えてくれることを願ってこの物語を始めよう。

城崎物語

目次

はじめに　1

古代・中世――伝説と歴史の間から　7

江戸時代――花開く湯の里　37

明治・大正――栄華と廃墟　91

この本は、一九八一年十月から翌年六月までの間、神戸新聞但馬版に九十七回にわたって連載された『城崎物語』を、二〇〇四年に再構成して加筆・修正したノンフィクションです。新聞連載をまとめた初版は一九八三年に出版、一九九〇年に新装・増補として再版しました。今回の改訂版は、多くの項目を再取材して、「現れた研究者」（古代・中世）と「鉄道開通」（明治・大正）を新項目として追加しました。さらに、新しい章として「明日へ」を起こし、再版後のエピソード七項目を書きおろしました。本文中に登場された方々の年齢・役職などは原則として新聞連載時のままですが、二〇〇四年時点から一九八一、八二年の取材時を振り返って、断りが必要な記述については、注釈を加えました。また、敬称は省略させていただきました。

本文中の挿絵　藤野つとむ氏
一九三一年、城崎町出身。武蔵野美大中退。町温泉課長、町収入役などを経て、各地で作品を発表。代表作に『城崎素画』（一九六〇）など。『城崎物語』では一九八一年の新聞連載時から挿絵を担当

城崎物語

古代・中世——伝説と歴史の間から

扉題字／映画監督・大島渚

円山川に注ぐ大谿川に沿ってはぐくまれた温泉街

温泉発見

古代、人と温泉との出会いを想像するのは、知的な興味をそそる。伝説の世界になると、城崎温泉は今から千四百年前の舒明《じょめい》天皇（在位六二九―四二）の時代に、初めて登場する。傷ついたコウノトリが、水たまりで傷を癒して飛び立ったのを村人が見つけ、近寄ってみると湯が湧いていた――という「鴻《こう》の湯」発見の話だ。

動物が温泉発見のきっかけとなったとする伝説は、全国いたるところに残っている。有馬温泉でも「有馬の三羽烏《がらす》」が傷を癒したのが初めとされているし、シラサギやツル、ハト、スズメ、キジは温泉発見の〝常連さん〟といったところ。北海道の温泉になると、長万部の二股温泉などはクマの教えた温泉という。

人類が不自由なく湯を得ることができる生活は、二十世紀の先進国で初めて実現したにすぎない。火を使わずとも湧き出る湯は、大地の賜物《たまもの》以外の何ものでもなかった。人知を超えた産土神《うぶすながみ》の営み――。動物による発見伝説は、そんな湯の神秘性を表現している。

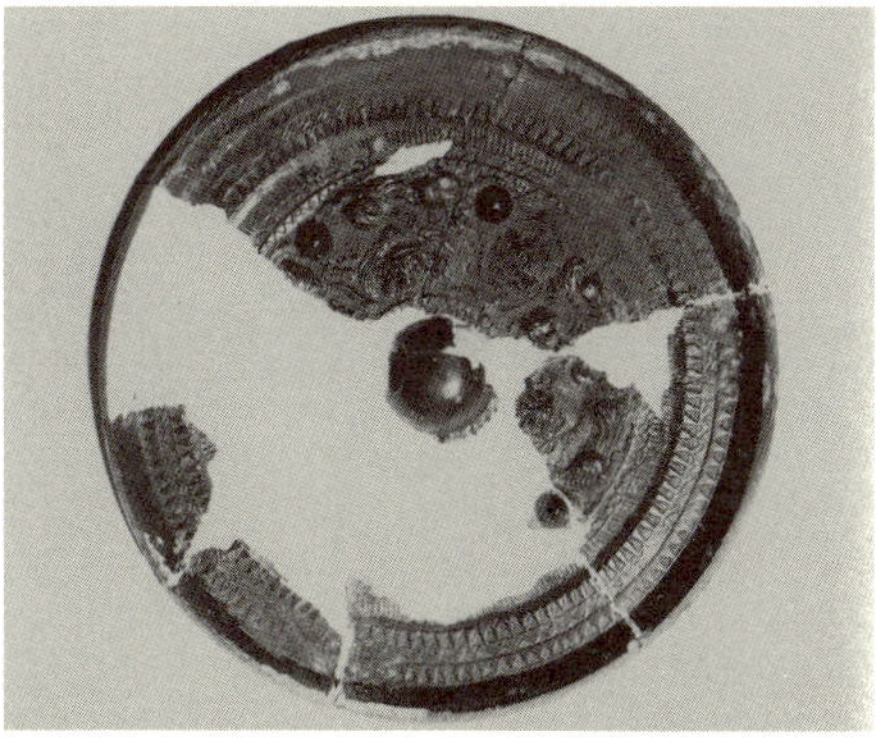

小見塚古墳から出土した三神三獣鏡（『城崎町史』より）

円山川流域は、出石の天日槍《あめのひぼこ》伝説など、開発の歴史は古い。大正元年（一九一二）に豊岡市気比《けい》で発見された四個の銅鐸は、約二千年前の弥生時代のもの。また、今は城崎小学校の敷地となっているが、城崎町今津の小見塚古墳からは、四世紀後半の三神三獣鏡という銅の鏡が出土している。この銅鏡と同型の鏡は、姫路市や福岡県、愛知県でも見つかっており、古墳時代、各地と交流のあった有力な豪族が円山川下流域に勢力を持っていた証拠となっている。

城崎温泉のコウノトリ伝説は、七世紀前半にさかのぼるから、古墳時代の末期に当たる。『日本書紀』によると、舒明天皇や孝徳天皇は七世紀前半に同じ兵庫県の有馬温泉（神戸市）に入湯したという。『日本書紀』に、「但馬の湯」は見当たらない。但馬の豪族たちは城崎温泉を知らなかったのだろうか。コウノトリに教えられた村人たちだけが、ひっそりといで湯で体を温めたのだろうか――。

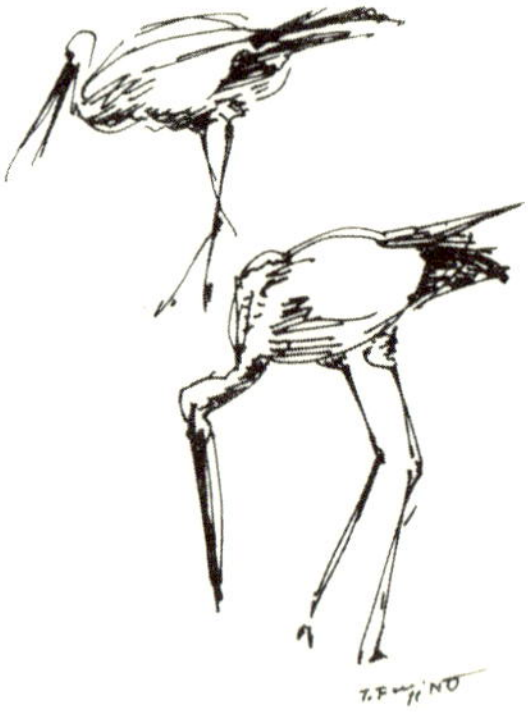

伝承の真実

コウノトリ伝説の真偽を、今日確かめる手段はないが、その時代は七世紀前半の舒明天皇のころとされている。江戸時代の宝暦元年（一七五一）にまとめられた『但馬考』には「古老の語り伝うるには、この谷の奥に鸛《こう》の湯という所あり」として伝説を紹介しているだけで、発見の時期には触れていない。『温泉寺縁起』の異本として城崎の旧家に伝わる『曼陀羅《まんだら》記』などには、舒明元年（六二九）、大谿川の渓谷に濁った熱い湯が見つかった、とされている。後に詳しく触れるが、『温泉寺縁起』の記述、道智上人による「まんだら湯」発見（養老四年＝七二〇）より九十一年も古い温泉発見となる。これが「鴻の湯」なのだろうか。

全国に古くからある温泉は、必ず「薬師」と深いつながりを持っている。有馬温泉にも奈良時代の高僧・行基（六六八―七四九）が建てたという薬師堂があり、後にこれが温泉寺となった。薬師如来はあらゆる病を癒す法薬を与える、いわば医療の祖。城崎温泉にも、温泉寺

温泉寺薬師堂。寛文12年（1672）の建立

の山のふもとに薬師堂があり、聖徳太子が作ったという伝説の本尊・薬師如来が祭られている。この薬師堂は江戸時代初期の寛文十二年（一六七二）に、「鴻の湯」わきにあった円満寺から移されたものであることが、温泉寺文書に明記されている。現に「鴻の湯」の所在地は「城崎町湯島字元薬師」。この円満寺そのものを温泉寺の前身とみる研究者もいる。

たとえコウノトリ伝説が後世につくられたものとしても、道智上人の「まんだら湯」発見以前に、大谿川の河原に湯が湧いていたという〝記憶〟は生きていたのかもしれない。湯脈を含んだ断層群が走る湯島地区は、大谿川の浸食作用により、古代から川筋に沿って湯の自然湧出が見られたはずだ。外湯が歴史に登場する順番が、伝説と史実を織り交ぜても、「鴻の湯」「まんだら湯」「御所湯」「一の湯」「地蔵湯」と、川上から下へと下って行くのも偶然とはいえまい。

豊岡産の野生コウノトリは昭和四十六年（一九七一）、絶滅した。豊岡市では、その後も人工増殖の試みが続けられていた。旧ソ連時代のハバロフスクから昭和六十年（一九八五）に贈られたコウノトリから、平成元年（一九八九）、待望のヒナがかえった。人工増殖されたコウノ

JR城崎駅の駅名表示。平成17年（2005）3月、「城崎温泉」駅になる

トリは、平成十五年（二〇〇三）、百羽を超えた。平成十七年度、いよいよ自然放鳥という夢への挑戦が始まる。その鳥たちは、鴻の湯からわずか八キロ南、豊岡市野上の県立コウノトリの郷公園付属保護増殖センターで、但馬の大空を待っている。

絹前？黄沼前？

かつて城崎という地名は、現在の豊岡市中心部の呼び名だった。奈良時代から平安時代にかけて、古代の日本国家は、地方行政の単位として国—郡—里（郷）を設けたが、但馬国は八郡に分けられた。当時の但馬国城崎郡は、今日の豊岡市と城崎町を合わせた地域とほぼ重なっている。

平安時代の承平年間（九三一—三七）に成立した、わが国初の百科事典『和名抄《わみょうしょう》』には、城崎郡内に新田、城崎、三江、奈佐、田結の五郷と余戸《あまるべ》が記されている。余戸は現在の香住町余部とは無関係で、所在地は不明。他の五郷は、現在にも生きているおなじみの地名だ。

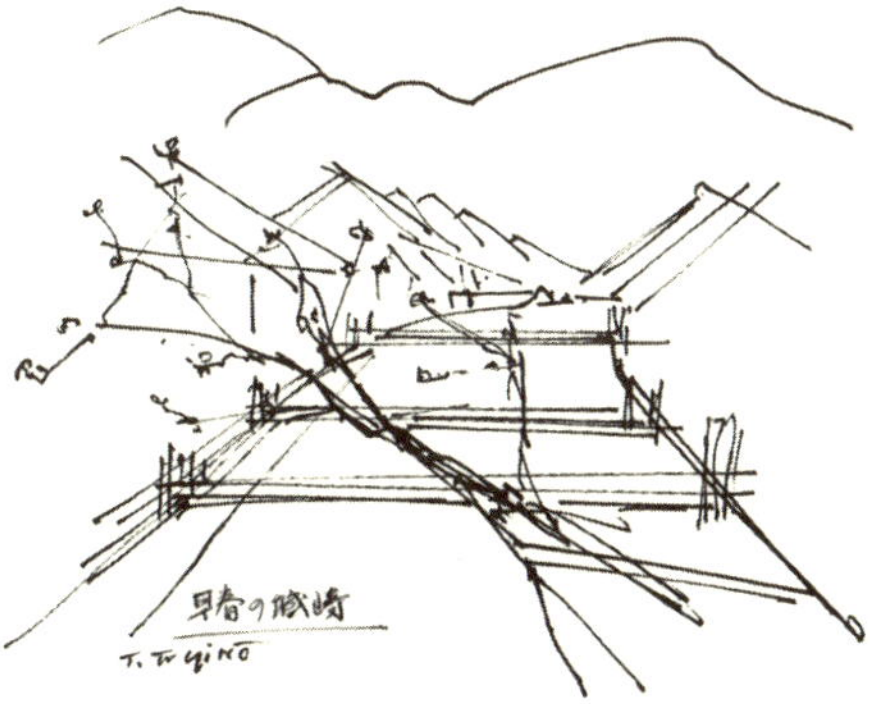

早春の城崎

この中の城崎郷を城崎町にあてはめたくなるが、城崎町は田結郷に含まれていた。円山川河口をはさんで東側の田結《たい》、気比《けい》、西側の瀬戸、小島、桃島、湯島、来日《くるひ》など豊岡市北部と城崎町が田結郷で、さらに円山川上流左岸の一帯が城崎郷となる。江戸時代の享保十八年（一七三三）、河合章尭という人が残した『但馬湯嶋道之記』によると、湯島の古名は「大谿《おおたに》」といった。地形から名付けられたようだが、この名は大谿川として残る。

『和名抄』は、それぞれの地名に万葉仮名で和訓を付けており、城崎を「岐乃佐木」または「木乃佐木」と読ませている。城崎の名が現われる最古の記録は奈良・平城京跡から出土した木簡《もっかん》（古代、紙と同じように木片に文字を墨書したもの）で、奈良時代の神護景雲三年（七六九）の年号が入っており「城埼郡」と書かれている。このほか古代には、「木前」「木埼」「木崎」などと表現されていた。

「きのさき」という名は、どのようにして生まれたのか。温泉寺本尊の十一面観音像が長谷寺（奈良県）の本尊と同材、同作で、同じ材木のうち木の先の部分で作られたため「きのさき」となった——という駄洒落《だじゃれ》めいた話もある。『城崎町史』（一九八八年）は、豊岡市で出

元薬師のバス停。今も小字名「元薬師」という地名は生きている。

土した木簡に「絹前……」または「縄前……」とも読める文字があることから、「絹前」＝キヌサキ説の可能性に触れている。一方、別の説もある。太古、海だった豊岡盆地が紀元前二万年ごろから隆起と海の後退によって次第に陸化、沼地状になった一帯を「黄沼前《きぬさき》の湖《うみ》」と呼んだ――。いずれにせよ、決定的な根拠はない。

城崎という地名は、丹波の京都府船井郡のほか肥前国佐嘉郡（佐賀県）にも「木佐岐」、常陸国久慈郡（茨城県）の「木前」など、全国に十カ所以上あるが、いずれも「きさき」と読み「きのさき」と読むのは但馬だけらしい。

温泉寺縁起帳

湯と温泉寺、そして湯島地区の氏神・四所神社は、現代まで脈々と生き続ける独特の〝城崎らしさ〟と呼ぶべき世界をつくってきた。自然現象である温泉は、人とのかかわりで宗教性を生み、この地の精神的風土や年中行事に根をおろした。その原点にあるのが、真言宗末代

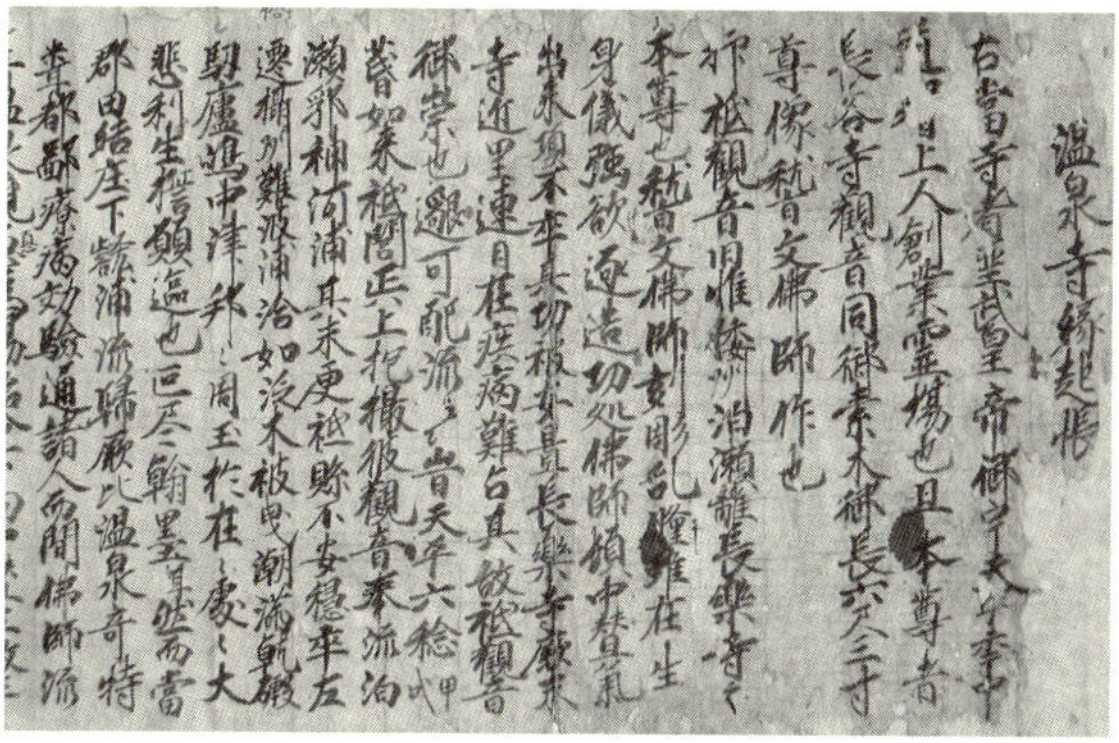

大永8年（1528）に筆写された『温泉寺縁起帳』（温泉寺文書）

山・温泉寺の縁起帳だ。

同寺に現存する最古の縁起は、室町時代の大永八年（一五二八）、七代恵範師が三十六歳のときに筆写したものとなっており、さらに古い縁起の存在を暗示している。内容は、本尊十一面観音像の由来と「まんだら湯」の起源が中心。太古、豊岡盆地を開いたという新羅《しらぎ》（古代朝鮮半島南部の国）の王子・天日槍《あめのひぼこ》の子孫という日生下権守《ひうけごんのかみ》と、本尊を刻んだ仏師・稽文《けいもん》、温泉寺開山・道智上人の三人が登場。時代は、大永八年から上ること八百余年、都が奈良の平城京に移されたころにさかのぼる。

難解な漢文の巻物だが、この縁起は江戸時代後期の文化年間（一八〇四―一八）に、分かりやすい構成にまとめられた木版の印刷物として、諸国から訪れた湯治客にもてはやされるほど人気を呼んだ。

「和銅元年（七〇八）、城崎の住人日生下権守は夢のお告げで四所神社を建てた。養老元年（七一七）、道智上人がこの地を訪れ、四所明神の神託を受けて千日の修行の末、〝まんだら湯〟を湧出させた。そのころ奈良の都にいた稽文は、大和初瀬（奈良県桜井市）の長谷寺の本尊と同じ木で、初瀬にある長楽寺の本尊仏を作っていた。ところ

温泉寺十一面観音菩薩像

が制作途中に中風にかかり、未完成のまま納めたため、近辺はその祟《たた》りで悪病がはやった。困った人々は、天平六年（七三四）、その本尊を難波の浦（大阪湾）に流した。

めぐりめぐって、中風の治療のため城崎に来ていた稽文は、円山川左岸の観音浦（城崎町今津）で偶然流れ着いたその未完の本尊と再会。本尊を完成させ、道智上人に処置を任せて都へ帰った。上人は、いったん城崎の弁天山に本尊を安置したが、本尊仏の眉間《みけん》から出た光が照らし出した山の中腹に寺を建て、時の聖武天皇（在位七二四―四九）は、この話を聞いて温泉寺と命名した」

分かりやすく、話の筋だけを拾えば、温泉寺縁起はざっとこうなる。この赤茶けた巻物は時代を超え、まるで泉のようにさまざまな物語を湧き出させている。

春日仏師

縁起によると温泉寺本尊は、大和初瀬の長谷寺の本尊と同材、同作

温泉寺本尊の十一面観音菩薩立像（国指定重要文化財）。
この像は『地方仏を歩く(一) 近畿編』（丸山尚一著、2004年、NHK出版）の表紙を飾る。「地方仏らしい、気取らない、木彫のよさをもつ愛すべき彫像である」として収録されている400点の代表に位置づけられた

という。長谷寺本尊は、数度の火災で焼け、現在の本尊は天文七年（一五三八）に作られたものだが、元の本尊は鎌倉の長谷観音と同材、同作と伝えられている。著名な寺院の本尊と「同材、同作」の伝承は全国いたる所に散らばっている。

長谷寺の本尊は、寺伝によると、稽文会《けいもんえ》と稽首勲《けいしゅくん》の兄弟仏師が、天平元年（七二九）から四年がかりで刻んだという。二人とも中国・唐から渡来した大和の春日仏師として歴史に名を残すが、温泉寺縁起の稽文は、この春日仏師稽文会と同一人物だろう。

一方、縁起では道智上人による温泉寺開山は天平十一年（七三九）となっているが、重要文化財の本殿（大悲閣または円通閣）はその様式、手法などから南北朝時代の至徳年間（一三八四―八七）の建立といわれている。本殿は昭和四十三年（一九六八）から四十五年にかけて解体修理が行われた際、礎石などを調べても焼土がないことから、戦火などで焼失していないことが確認された。至徳年間には、中興開山といわれる清禅法印が現れ、清禅以降の歴史はかなりはっきりしてくるが、道智上人から清禅法印までの六百年余りは空白に近い。

同じ「但馬の湯」でも湯村温泉（美方郡温泉町）は、明確な資料に

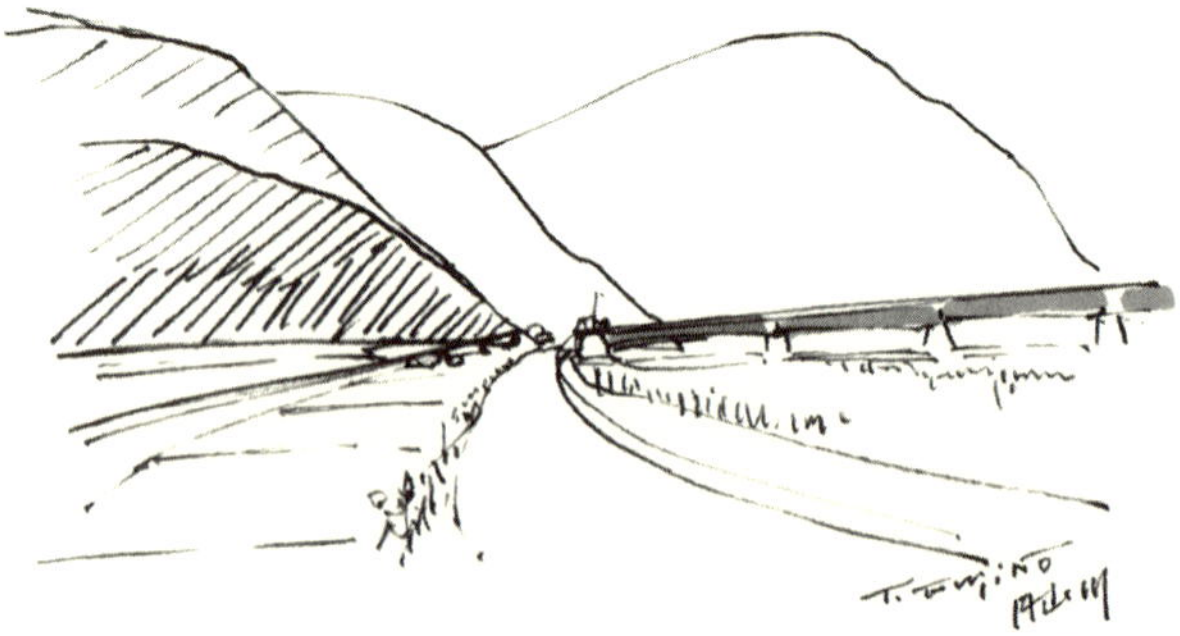

円山川

よって伝説より古い歴史を持つことがわかった極めてまれな温泉だ。伝説では「千年余り前、天台宗二代目座主・慈覚大師（七九四―八六四）によって発見された」とされていた。ところが昭和五十二年（一九七七）夏、城崎郡日高町の但馬国分寺跡から「二方郡温泉郷……」と書かれた木簡が出土した。

二方郡とは今の浜坂、温泉町のことで、国立奈良文化財研究所などがその木簡を調べたところ天平神護二年（七六六）ごろのものと判明。温泉発見者とされていた慈覚大師が生まれた年より、二十八年早く「温泉郷」は成立していたことになった。地名として「温泉郷」とある以上、木簡に記載された以前から温泉が湧き、利用されていたことになる。温泉寺縁起が設定した八世紀の時間帯に、湯村温泉がすでに生まれていたことは、城崎温泉にとっても興味深い。

現れた研究者

昭和四十六年（一九七一）夏、温泉寺を二人の国文学者が訪れた。

『温泉寺誌』を手にする
菊川丞・元大阪薫英女子短大教授（2004年6月）

元大阪薫英女子短大教授・菊川丞《たすく》と元梅花女子大学教授・高橋喜一。当時二人は、神戸の私立甲南中・高校の教員仲間で、『芦屋ゼミ』という論文集をよりどころに多彩な研究成果を発表していた。

以前、城崎の旅館「古まん」に投宿した菊川は、宿の主人を通して『日生下《ひうけ》氏家宝旧記』という巻物の写本に接した。巻物の原本は、「古まん」日生下家、「まんだらや」石田家、「大和屋」結城家に伝わるほぼ同一の古文書だが、北但大震災（一九二五年）で焼失していた。たまたま、震災前に温泉寺二十六代竜照師が筆写していたため、写本のさらに写本が元の持ち主に帰っていた。

昭和四年（一九二九）生まれの菊川は、戦後の学制のはざまで苦学し、大学の卒業論文に『播磨国風土記』を選んだ。北欧の少数民族研究でも知られるなど、わが道を行く異才だった。

城崎の風情になにがしかの気配を感じていた菊川は、「旧記」に続いて、湯島財産区が内湯訴訟（166ページ参照）を記録するために発行した『城崎温泉資料』（一九六八年）を知った。この本には、裁判で温泉が私有の対象ではなく地域社会の共有物であることを証明するため、何と室町時代の『温泉寺縁起帳』までもが収録されていた。

湯島の氏神・四所神社

菊川は書く。「大谿川畔の柳並木と石の橋、変わらぬ風情に心惹《ひ》かれながら再々訪れた私にとって、初見以来、脳裏を離れなかった『縁起帳』が広義に解釈して、実は〝地域共同体の規範を慣習法に生かし続けた〟土地柄の魅力を如実に物語っているものであるということにおくればせながら気づかされたのであった」(「但州城崎『温泉寺縁起帳』をめぐって」『芦屋ゼミ』4号＝一九七八年＝所収)。

『温泉寺縁起帳』をめぐる菊川と高橋の旅が、こうして始まった。

温泉寺縁起のストーリーは、江戸時代以来も温泉の起源などについての引用対象になってきたが、どれも客観的な学問として分析されたことはなかった。一般に、傑出した高僧による架空の伝承、といった程度の認識だった。しかし、菊川らは、国文学と日本史の基礎史料に立ち返り縁起を検証、さらに深い探究心で秘められた謎を解きほぐしていった。『縁起帳』と、その異本としての『旧記』や『曼陀羅記』の位置付けも初めて整理された。

成果は、縁起研究から発展した。温泉寺は、ほぼ全町を焼き尽くす北但大震災の難を免れた。菊川らは、膨大な古文書に埋もれていた江戸時代の「蔵書目録」に、国文学史上非常に貴重な室町時代の写本な

亀の背に乗った道智上人の墓（温泉寺多宝塔横）

どがあることを知り、大学共同利用機関「国文学研究資料館」による古文書の悉皆《しっかい》調査に持ち込んだ。和歌の注釈書『月花集拾遺』などは、『但馬温泉寺本』として、全国の研究者に知られるようになった。

菊川と高橋の研究成果は、平成十二年（二〇〇〇）に刊行された『温泉寺誌』としてまとめられた。この本の「あとがき」に菊川は記す。「遠い昔に、地主神である四所神社の夢告によって温泉を湧出させた、道智上人の手で温泉寺が開かれたと信じられたればこそ、そこに寺も祭りも温泉も一体となって今日までこの地に人々の暮らしとともに綿々と生き続け、今こうして温泉寺としてここにあるということなのである」。

道智上人の謎

各地の古い温泉は、高僧と深い結びつきを持っている。湯村温泉と天台宗二代目座主・慈覚、有馬温泉と行基、そして城崎温泉と道智上人など。いずれの伝説や寺の縁起も現代から見れば荒唐無稽な内容を

温泉寺展望

含んでいることも多い。ただ当時の僧は、宗教者であるだけでなく、中国などの先進の学問を身につけた一流の科学者であり、指導者であったことも忘れてはなるまい。

布教のため、諸国を歩きさまざまな文物を知る彼らが、たどり着いた新しい土地で、山や川を見、岩石を調べた結果「ここを掘れば湯が湧く」とするだけの力量を持ち合わせていても不思議はない。「まんだら湯」発見にも、そんな真実が含まれていたのかもしれない。

ところで、慈覚や行基の実在ははっきりしているが、地蔵菩薩の化身と言われる道智上人の姿は謎に包まれている。「まんだら湯」を見つけ、温泉寺を創建した後の天平十一年（七三九）一月二十四日、亀の背に乗って洋上に入滅する――という補陀落渡海《ふだらくとかい》（南海の孤島にあると信じられている観音浄土に渡ること）の伝説を残しているだけ。ただいつごろともなく、東北の出羽出身といわれるようになった。

温泉寺縁起の研究をしていた国文学者・菊川丞は、山形県西村山郡大江町道智畑《どうちばた》という地名の実在を確認、当地にまで足を伸ばし十五世紀の出羽に実在した道智上人の足跡をたどった。

出羽三山に残る記録によると、道智は羽黒山に住む超人的な僧とな

温泉寺本堂の礎石

っており、曼荼羅堂で修行したり、地蔵秘法を修め、百体の地蔵像を刻んだ人物で、室町時代の文明三年（一四七一）六月二十四日、八十一歳で没している。

温泉寺開山の道智と出羽の道智とを、同一人物とするには没年が七百年以上も隔たっている点で無理もあるが、この二人の間には奇妙な符合を見いだすことができる。まず没した日が同じ二十四日であること、曼陀羅湯と曼荼羅堂、さらに地蔵菩薩の化身という温泉寺の道智と地蔵秘法を修めた出羽の道智――。

出羽の道智の没年から生年を逆算すると、明徳二年（一三九一）となる。温泉寺開山・道智から六百余年を隔て、至徳年間（一三八四―八七）に中興開山として伽藍《がらん》を造営した清禅法印のころとほぼ重なる。温泉寺縁起が、奈良時代の高僧の事績を何らかの形で反映しているのか、それとも清禅と出羽の道智を重ね合わせて成り立たせたのかは、わからない。

道智上人の墓は江戸時代の明和八年（一七七一）、同寺境内に建てられた。墓石は亀の背に乗っている。

『大江町史・地誌編』（一九八五年）によると、道智畑は江戸時代を

苔むす宝篋印塔（温泉寺）

通して二十戸前後の村だった。明治以降、田は少なく養蚕や炭焼きなどを生業にしていた。昭和四十五年（一九七〇）、残っていた十戸が離村、廃村となって出羽の深い山に埋もれた。

あこがれの記憶

出石郡但東町栗尾の臨済宗松禅寺には、県指定文化財の薬師如来坐像のほかに、町指定文化財の本尊・地蔵菩薩像など八体の仏像があり、これらはすべて明治十三年（一八八〇）、近くの栗尾字堂ノ本の薬師堂から移されたものだ。この寺の創建は室町時代の永禄元年（一五五八）といわれ、かつては十二体の仏像があったと伝えられている。

「むかし、薬師堂の近くに温泉が湧いていたが、薬師如来を城崎に移したところ、ぴたりと温泉が止まり、逆に城崎に温泉が出た。現在の温泉寺薬師堂の本尊で聖徳太子作と伝えられる薬師如来像がそれだ」――この伝承は今日（一九八一年の取材当時）でも語り継がれており、小字《こあざ》名にはないが地元の人が「湯町」「湯田」と呼ぶ地名もある

温泉伝説の残る日高町河畑の薬師堂（2004年8月）

という。

城崎郡日高町と美方郡村岡町の境にそびえる蘇武岳《そぶ》のふもと、日高町羽尻に河畑《かばた》という村がある。紅葉が美しい阿瀬渓谷の入り口にたたずむ。この地にも、城崎温泉とつながる伝説が古老によって語り継がれている。

「今も湯の原という小字名があり、そこの田んぼにはむかし湯が湧いていた。ある日〝まんだら牛〟という牛が湯にはまり、地下を通って城崎に抜け出た。そこがまんだら湯になった」というのだ。この話には後日談があり、「江戸時代まで〝わしは河畑から来た〟といえば、城崎の湯銭は無料になった。ところが、だれもかれもそういうようになったので、いつしか信じてもらえなくなり、その制度もなくなった」と、言い伝えられている。

河畑の古老には「私の父は無料で城崎の湯に入ったと話していた」という人も現存（一九八一年の取材当時）しているが、城崎にこの話は伝わっていない。また、この地区には薬師堂があり、本尊は温泉寺薬師堂の本尊と同材、同作といわれている。さらに湯原と呼ばれる地区の近くでは、昭和四十六年（一九七一）ごろ、ボーリングによって二

温泉寺参道の石仏。幾人もの湯治客を見守ってきた

八度の温泉が掘り当てられた。湯は、平成十年（一九九八）まで、淡水のタイと呼ばれるアフリカ原産の熱帯魚テラピアの養殖に使われた。蘇武峡温泉と名付けられ、地元が設けた「湯の原温泉オートキャンプ場」の露天風呂などに利用されている。

これらの伝説は、湯と深いかかわりを持つ薬師信仰を介する共通点を持っていることがわかる。また、河畑の伝説は、「湯ノ原」という小字が残っていることや現実に温泉が湧出している点で、重みを感じさせてくれる。

ともあれ、山間の村々にとって、温泉で栄える城崎は、断ち難くあこがれ慕る町だったのだろう。

二見の浦

たじまのくにのゆへまかりける時に、ふたみのうらといふ所にとまりて、ゆふさりのかれいひたうべけるに、ともにありける人々うたよみけるついでによめる

二見の浦

夕づくよおぼつかなきをたまくしげふたみの浦はあけてこそ見め

城崎温泉が文書に初めて表れたとされる『古今和歌集』の歌だ。詠み人は藤原兼輔《かねすけ》（八七七—九三三）。兼輔は、平安時代の代表的な歌人で、柿本人麻呂、山部赤人ら万葉歌人と並んで三十六歌仙の一人に加えられている。

この歌は「但馬の国の湯へ行ったとき、二見の浦という所に泊まって、夕飯の干した飯を食べながら、同行の人々が歌を詠んだついでに詠んだ」もの。歌の意味は「今は夕暮れではっきりしないから、二見の浦は夜が明けてから見るがいい」となる。

「二見の浦」は、城崎町上山字二見、つまり円山川左岸のJR玄武洞駅より南側の地区とされているが、江戸時代から異論もある。播磨の二見（明石市の西部）説だ。今日でも当時は、都から淀川を船で下り、明石の二見で下りて陸路生野峠越えで但馬入りした——という指摘もあり、はるばる但馬まで来て、城崎の目と鼻の先の二見で、わざわざ泊まる理由がないというのだ。

しかし『但馬考』は、平安時代の山陰旅行が、都から丹波、但馬を通っていた資料を挙げ「二見＝但馬説」を主張している。また、当時

温泉寺参道

の歌人大中臣能宣《おおなかとみのよしのぶ》（九二一―九九一）は「但馬の国の湯へまかるみちに、結の浦といふ所」にて詠んだ歌を残しており、丹後越えで円山川右岸の城崎町結地区に立ち寄ったことが分かる。とすれば、「二見＝但馬説」の方が無難だろう。

今日、二見から城崎温泉までは、車に乗ってわずか十分足らずの道のりだが、明治時代に今の県道が開通するまでは、江戸時代から「ナダの悪路」と呼ばれた道しかなかった。古道は山腹を抜ける獣道のようになって一部残っているという。

兼輔らの一行は、夕闇に沈む鏡のような円山川をながめながら、都からの旅路に思いをはせたのだろう。あすはいよいよ但馬の湯。胸の高まりを抑えて、眠りに就いたのかもしれない。

平安貴族

平安時代の十世紀ごろ、藤原兼輔や大中臣能宣ら都の一流の貴族が

温泉寺山門

峠を越え、川を渡って城崎へ足を運んだ事実は、すでに「但馬の湯」が京都でかなり知られていたことを示している。

兼輔と同じく三十六歌仙の一人で平安中期の歌人、壬生忠見《みぶのただみ》（生没年不詳）は、自分で出かけてはいないが「但馬の湯に人のまかるに」として、城崎温泉へ行く知り合いに道中の安全を祈る歌を贈った。

たぢま路の手向《たむけ》の神も知らずして袖に露たつ旅のぬさ哉

都から見て、但馬は辺境の地だった。旅人が無事に旅行できるように、峠などに祭られた神＝手向の神＝を詠み込んで、はなむけの歌としていた。

一方、十世紀から十一世紀にかけてできた清少納言の『枕草子』では、「湯は」と問うて「七久里の湯。有馬の湯。玉造の湯」の三つを挙げている。七久里は今の三重県榊原温泉、玉造は島根県の玉造温泉といわれている。

『枕草子』には、大きく分けて四種類の伝本があり、本によって玉造の代わりに、「牟婁《むろ》の湯」（和歌山県の白浜温泉）を入れているのもあり、「湯は」の項目そのものが欠落している本もある。

清少納言は、梨壺の五人と呼ばれた『後撰和歌集』の選者の一人・

大中臣能宣とも親交があったから「但馬の湯」の存在を知らなかったはずはない。現に『枕草子』には、「浜は」と問うて各地の六つの浜を挙げているが、この中に但馬の「もろよせの浜」（美方郡浜坂町諸寄）も含まれている。『枕草子』はたびたび『古今和歌集』を引用していることから、兼輔が「たじまのくにのゆへまかりける時」に詠んだ歌も知っていたはず。

日本三古湯は、有馬、白浜、道後（愛媛県）とされている。いずれも『古事記』や『日本書紀』『万葉集』のどれかに登場する温泉だ。「但馬の湯」は『枕草子』に載らなかったが、鎌倉時代になると一気に脚光を浴びてくる。

木崎湯治

鎌倉時代を代表する歌人・藤原定家（一一六二—一二四一）は、十九歳からの日記『明月記』を残した。『新古今集』の選者として不動の名声を得、貴族社会に君臨した定家だけに、『明月記』は当時の社

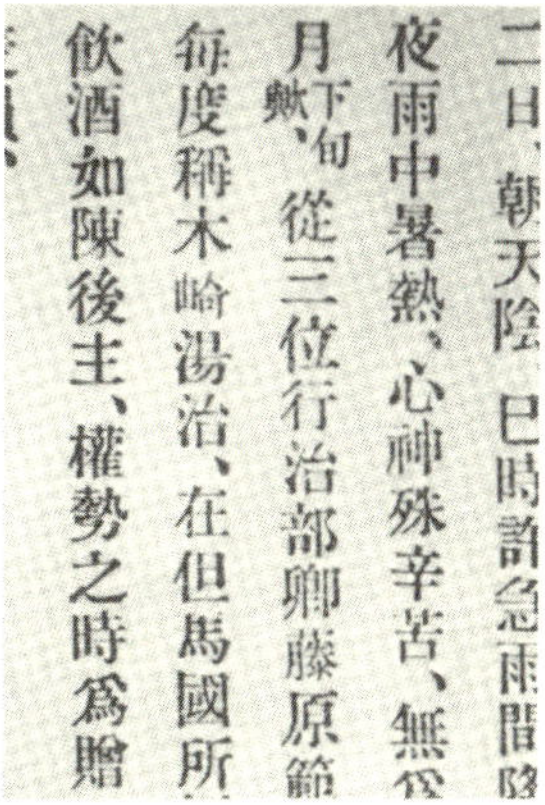
二日、朝天陰、巳時許急雨間降
夜雨中暑熱、心神殊辛苦、無爲
月下旬歟、従三位行治部卿藤原範
毎度稱木崎湯治、在但馬國所
飲酒如陳後主、權勢之時爲贈

『明月記』に登場する「木崎湯治」
（明治44年、国書刊行会発行本より）

会を知るうえの一級史料として歴史家や国文学者らに使われている。

この日記の嘉禄二年（一二二六）七月二日の条に「木崎湯治」という言葉が見える。昭和五十五年に発行された『日本発見・湯けむりの里』（暁教育図書）によると、「湯治」という言葉が記録に初めて現われるのは、室町時代の長禄三年（一四五九）、湯田温泉（山口県）の「大内家禁制壁書」とされているから、『明月記』の「木崎湯治」はそれよりも二百年以上も古いことになる。とすれば、日本で「湯治」という言葉は、この城崎温泉に初めて使われた——とすることもできよう。

『明月記』の記述によると、「去月下旬」（嘉禄二年六月下旬）に「治部卿藤原範基」が「飲水之病」にかかり「毎度木崎湯治」と称して「但馬国所領」に行っていたが、そこで死んでしまった、となっている。この記述の日付は同年七月二日だから、範基の死は少なくとも十日足らずで、京都に伝わった。

治部卿とは、冠婚葬祭を取り扱う治部省の大臣のこと。飲水の病は、室町時代の医学書『五体身分集』によると「酒を飲み、濃味を好み、房事過ぎ」。やりたい放題をする人に多い病気となっている。水を飲

温泉寺参道の杉木立

みたくなるのだから糖尿病の症状と似ている。
七月二日の条には、範基の「本性」について「飲酒如陳後主（飲酒すること陳後主の如し）」と書いてある。陳後主は、中国南北朝時代（五―六世紀）の陳の国最後の天子。おごりにふけって国を滅ぼしてしまったといわれる人物。その陳後主ほどに大酒飲みの範基だったのだろう。毎年夏になると「木崎湯治」に出かけても、ついに自分の身を滅ぼしたのだった。
『明月記』には、定家自身も建仁三年（一二〇三）と元久二年（一二〇五）、建暦二年（一二一二）の三回有馬温泉へ行った記述のほか、太政大臣西園寺公経に至っては、有馬の湯を毎日二百桶ずつ摂津吹田の別荘にまで運ばせた――という話も書かれている。

但馬国太田文

江戸時代に至るまでの中世の城崎の姿は、なかなか浮かび上がってこない。鎌倉初期の元久二年（一二〇五）、鎌倉幕府から「但州田結郷

『徒然草』の吉田兼好も1331年、但馬の湯を訪れた。「花のさかり但馬の湯より、帰る道にて雨にあいて」として「しほらしよ　山わけ衣春雨に　雫も花も　匂ふたもとは」との歌を残している

温泉寺院主玄高」へ幕府の祈願僧としての感状が贈られたこと（温泉寺文書）や、当時の歴史書『増鏡《ますかがみ》』に文永四年（一二六七）、後堀河天皇の准母（母親の代わり）安嘉門院（一二〇九―八三）が天橋立へ行った際「但馬の城崎のいでゆ召しに下らせ給」ったことなどの事例が知られている。「御所湯」は、安嘉門院入湯にちなんで名付けられたという。

中世の社会や経済を知るうえで、第一級の価値を持つ史料が「大田《おおた》文《ぶみ》」だ。大田文は鎌倉時代、一国ごとに国内の田地の面積、領有関係などを記録した土地台帳で、課税の原簿だった。十五カ国のものが現存し「但馬国太田文」（但馬だけ「大」でなく「太」となっている）もその一つ。弘安八年（一二八五）十二月、時の守護・太田政頼が作成し幕府に注進した。

「但馬国太田文」によると、城崎郡田結郷は三町四反百六十分の田地があった。内訳は、租税免除の田地が「温泉寺九反小」「小社七反小」「公文給三反」。課税対象となる「定田一町四反二百八十分」となっている。当時の単位は、一町＝十反、一反＝三百六十歩（坪）。「小」は百二十歩に当たる。

温泉寺薬師堂

次に「小社」だが、何神社かは不明。百十七反以上も持っていた朝来郡山東町の「粟鹿大社」に比べれば、七反余りではまさに小社だ。湯の神・湯山主神を祭る城崎町湯島の四所神社を当てはめたくなるが、古代の〝政府登録神社〟を列記した『延喜式・神名帳』（平安前期＝十世紀）には城崎郡二十一座に四所神社はなく、湯島の隣の桃嶋神社（同町桃島）、久流比神社（同町来日）が入っている。『神名帳』に登場しないから、十世紀に四所神社は存在しなかったとはいえない。ただ国家の管理外にあっただけで、村人たちの社として、ひっそりと祭られていたのであろう。

安息の湯島

「湯島」の地名が、記録に初めて現れたのは、室町時代の応永十七年（一四一〇）、通泰という人物が「温泉寺別当」にあてた「但馬城崎郡田結郷湯島氏神　四所大明神社領之事」という温泉寺文書のようだ。四所神社は明治維新まで温泉寺が管理していたため、四所神社に田畑

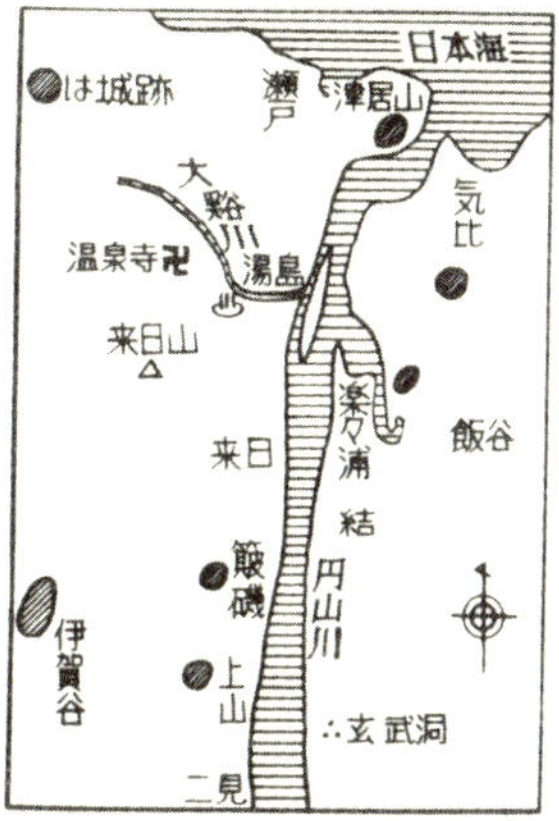

南北朝時代から戦国時代にかけて築かれた
湯島周辺の山城の跡
（豊岡郷土資料館・小谷茂夫さん作成）

を寄進する際も、温泉寺あての古文書として残っている。「別当」とは、寺務をまとめる長官で事務局長といったところ。「湯島」の名は、江戸時代になると湯島（嶋）村となり、明治二十八年（一八九五）の湯島財産区の設置で今日に至っている。

室町時代末期の応仁元年（一四六七）、京都を中心に起こった応仁の乱は、天下を二分する大乱に発展、十一年もの長期にわたった。京都の戦乱が終わっても各地で群雄が割拠し、世は戦国時代へと突入した。

但馬には今日確認されているだけで、約二百三十の城があった。国道九号から同三一二号を円山川沿いに下ると、左右に展開する山々の頂上のいくつかが、平に削られていることに気付く。それらはほとんど、南北朝時代から戦国時代に築かれた山城の跡だ。

湯島周辺にも、北は津居山城、東は気比ノ城（高城）、南は簸磯《ひのそ》城、上山城、伊賀谷城などがひしめいていた。ところが湯島に城跡らしいものはまだ確認されていない。

それどころか、温泉寺には明応二年（一四九三）に書かれた和歌注釈書『月花集拾遺』や宝徳四年（一四五二）の連歌集『十花千句』など、すでに『温泉寺本』として出版されている貴重な文献が残されて

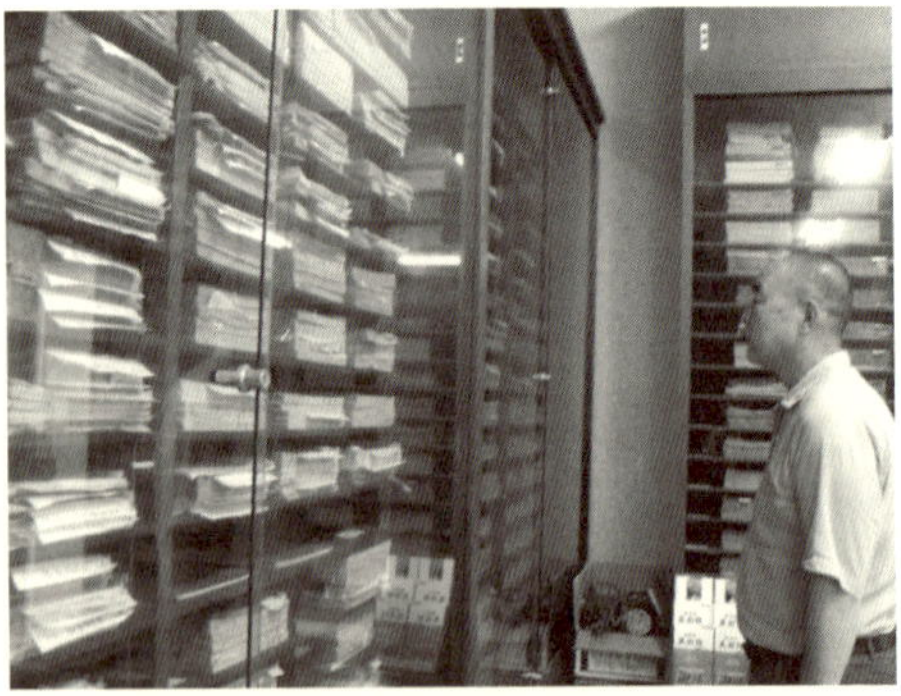

町美術館に整理されている温泉寺文書。右は温泉寺29代・小川祐泉住職

いる。さらに戦国末期の天文十七年（一五四八）、飛鳥井雅教らの貴族が湯島に来遊して、温泉寺で蹴鞠《けまり》に興じたという記録も温泉寺文書にある。

戦乱の世に、なんとも優雅な話だ。戦国時代には、荒廃した都を嫌って地方に逃避した貴族も多く、湯島は絶好の安息地だったのかもしれない。

城崎物語

江戸時代――花開く湯の里

扉題字／十三世・片岡仁左衛門

沢庵の別荘

湯島の近世は、出石（出石郡出石町）の傑僧・沢庵宗彭《たくあんそうほう》和尚（一五七三―一六四五）の登場で始まる。沢庵はたくあん漬けの発明者として知られているだけでなく、寛永四年（一六二七）に起こった紫衣《しえ》事件で、成立したばかりの江戸幕府と対立した反骨の僧でもあった。

この事件は、沢庵ら臨済宗大徳寺派の高僧に対し、朝廷は紫の衣の着用を許したが、幕府がこの勅許を無効とし、反対した沢庵らは東北に流され、朝廷に対する幕府の優越をはっきり知らしめた――という意味を持っていた。事件の七年後、沢庵は幕府から許され、寛永十一年（一六三四）、出石に帰った。この後、東海地方など各地を遊行しつつも、沢庵は同十五年（一六三八）「但馬の温湯に浴する」（『校補但馬考』）ことも多く、城崎温泉のファンだった。

来ん春を深雪の底にひきよせて　冬ひとしおの出湯なりけり

（沢庵）

この時代、雪で閉ざされた湯島を詠んだ歌は少ない。沢庵は「まん

石庭から見た極楽寺山門。江戸中期に建てられた

だら湯」西の山のふもとにある極楽寺を宿とし、ほかにも城崎入湯の歌を多く残している。同寺は、室町時代初期の応永年間（一三九四—一四二八）、出石・宗鏡《すきょう》寺の創建者、金山明昶禅師が開いた。その後荒廃し沢庵が再興した。温泉好きの沢庵だったから、別荘のようにして使っていた庵を臨済宗の寺として再興したのだろうか。極楽寺は慶安五年（一六五二）、豊岡藩主杉原伯耆守《ほうきのかみ》の帰依を受け、領地などを寄進された。

　また湯島の浄土真宗本願寺派・蓮成《れんじょう》寺は、寛文年間（一六六一—七三）に豊岡の信楽寺五代住職宗徹上人がもとを築き、日蓮宗本隆寺派・本住寺は承応年間（一六五二—五五）に日壽上人が建立した。両寺とも大正十四年（一九二五）の北但大震災で全焼し記録類は焼失した。現在、大谿川上流に向かって本住寺、四所神社、蓮成寺の順に位置しているが、建立当時は蓮成寺が最も下に、次いで本住寺、四所神社となっていた。延宝六年（一六七八）には、四所神社と本住寺が持ち山の境界をめぐって勢力争いをした記録もある。

　四代将軍徳川家綱（在位一六五一—八〇）のころには、今日につながる温泉街が芽生え始めた。温泉寺も隆盛し、屋号を持った旅館がぼ

城崎町文芸館に展示されている温泉寺の柄杓

つぼつ姿を現し始めた。

柄杓の由来

江戸時代初期、温泉寺の隆盛にはびっくりさせられる。同寺が管理していた四所神社を含め、相次ぐ普請が行われた。まず明暦元年（一六五五）四所神社の社殿修復、三年後の万治元年（一六五八）温泉寺鐘楼建立、寛文八年（一六六八）鐘楼前に万霊供養塔建立のほか、本堂屋根修復。同十一年二月には山門（仁王門）が大風で倒壊したが、六月には再建された。

また薬師堂が、「鴻の湯」わきにあった円満寺から移され、現在の位置に完成したのは、山門再建の翌年寛文十二年。天和元年（一六八一）には同寺十王堂建立、この三年後には四所神社再修復、貞享三年（一六八六）には四所神社の鳥居が完成した。

薬師堂の普請の様子を記録した「棟札《むなふだ》」が残っている。寛文十一年（一六七一）十一月より材木集めが始まり、翌年六月八日基礎となる

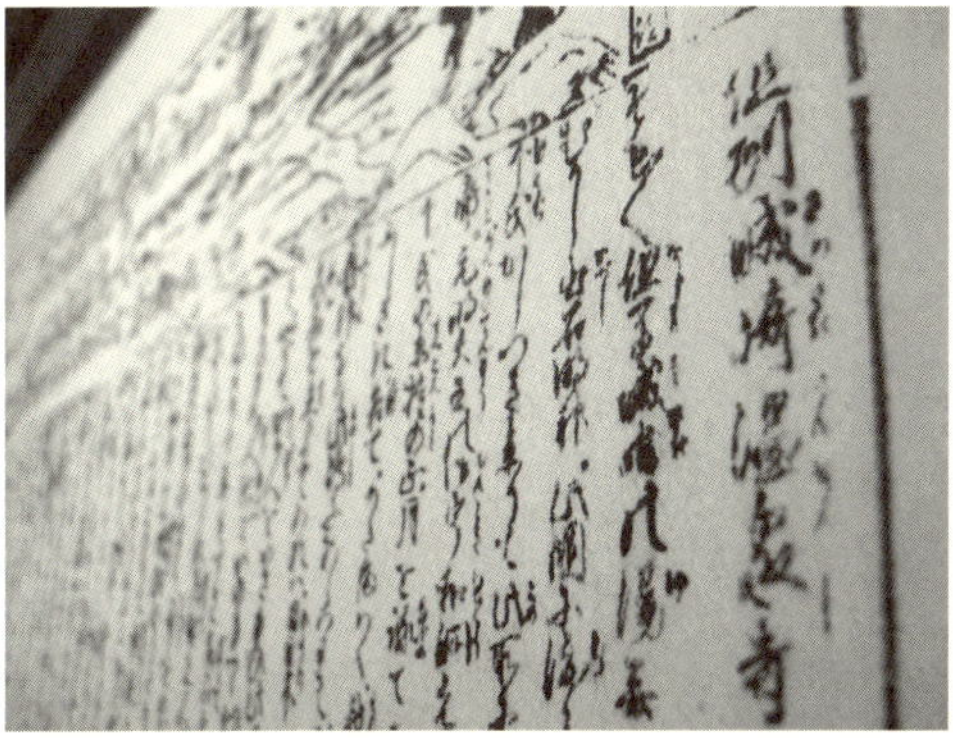

文化14年（1817）木版印刷された「但州城崎温泉寺観音并二湯の縁起」（町文芸館）

「石場」完成。九月十二日に棟上式が行われた。作業をした大工は延べ千六百五十人、曳《ひき》人足延べ千五十人。大工の手伝い人足延べ五百人。石場完成から棟上まで百日足らずだから、毎日三十人余りの大工、人足らが働いたことになる。大工らは、湯島村のほか、桃島、今津、上山、結、戸嶋、楽々浦、飯谷、小島の周辺各村から「寄進」されたとなっている。総入用銀子は五貫七百五十目（二十一・六キログラム）。「奥湯講銭」などの言葉が「棟札」に書かれているから、入湯客からも当時の外湯で講を結び、寄付集めをしたことがわかる。

相次ぐ普請は、このころすでに登場していた有力な旅館経営者からの寄付もあったが、温泉寺はなかなか商売上手なところもあった。万治二年（一六五九）、住職祐智は「湯壺に用いる柄杓《ひしゃく》の由来」を書いた。これは柄杓の宣伝文となっている。「諸人入浴のときに用いる柄杓は浴客が思い思いに店屋で買ったり、宿屋より譲り受け、湯に行くたびに持って行き、開山道智上人の名と観音薬師の真言とをとなえては二口三口飲んでから湯に入る習慣となっているが、その理由を知る者は少ない」として、柄杓は道智上人の手と同じで非常に尊いものだ――と諭している。温泉寺の名前入りの柄杓を店に置き、売り上げの一部

温泉寺山門。現在のものは明和年間（1764～72）に建てられた

を寺へのお布施にしていたのだろう。

『城崎町史』（一九八八年発行）は、驚くべきエピソードを紹介している。「昭和の初期までは、湯島の古老の人は外湯での入浴のおりに、まず湯杓に湯を汲み目の上に捧げて三拝し、その湯を口に含みすすぎをしてからおもむろに入浴する姿が散見された。これも里人が温泉そのものを心から敬って感謝をこめての湯浴みの習慣であった」。昭和初期まで、江戸時代初期の入湯習慣が三百年近くも続いていたという。

薬師堂大普請

関ヶ原の合戦（慶長五年＝一六〇〇）の三年後、徳川家康は江戸幕府を開き、天下太平となった。南北朝から戦国時代へと続く荒れた世が終わり湯島は飛躍的に発展した。湯治や物見遊山は、社会が安定してこそのもの。湯島村内の各寺院の確立、温泉寺、四所神社の相次ぐ普請が江戸時代前期の十七世紀後半に集中しているのも、キリシタン禁止のため幕府が個人ごとに帰属する寺院を証明させた宗門改という強制があったにせよ、社会的経済的な安定があってのことだった。

　寛文十二年（一六七二）に建立された温泉寺薬師堂の「棟札」と、銀や資材の寄付者を列挙した『薬師堂建立勧進帳』から、当時の湯島とその周辺をのぞいてみよう。

　「棟札」の最後には「当所庄屋井筒屋六郎兵衛、同年寄板屋清右衛門、山根治右衛門」「当寺大檀那《おおだんな》曼荼羅屋《まんだらや》日生下《ひうけ》平右衛門長次」が書かれている。まず幕府による農村支配の末端を担った庄屋、年寄、百姓代の「村方三役」は湯島村にも登場してくる。また一部は、江戸時代だけでなく近代の城崎温泉でも「老舗」として君臨した「井筒屋」や「曼荼羅屋」「板屋」の屋号が早くも見える。

　『勧進帳』に目を移すと、「湯之嶋村」からは、「銀七十目　万茶羅屋平右衛門」を筆頭に「柱一本　井筒屋六郎兵衛、片岡平八」「銀三十五匁《もんめ》　油屋仁左衛門」ら、八十七人の名がある。そのほか屋号で登場するのは、柳屋、丹後屋、田結屋、大津屋、因幡屋など。このうち、井筒屋、油屋、田結屋などは、極楽寺の檀家だったから、温泉寺の普請は宗派を超えた大事業だったことがわかる。

　一方、湯島北隣の桃島村は、庄屋が「銀二十目」を寄付したのをは

薬師堂の「棟札」（裏面）。左端に「庄屋井筒屋六郎兵衛」とある

じめ、二十人の名前が見え、結村は「板一間」など十四人。うち五人が「内儀」つまり戸主の妻だから、九軒の家が寄付に応じた。楽々浦村となると二十五人、飯谷村二十二人、戸嶋村二十八人、気比村九人、田結村七人、瀬戸村九人など。当時全村が温泉寺の檀家だった桃島村が二十人だったことからしても、檀家以外も含め湯島村の八十七人は、当時の湯島の繁栄ぶりを示している。

屋号の出現

元禄時代（一六八八―一七〇四）までには、湯島の初期の旅館群はほぼ出そろった。「田結屋」「板屋」「油屋」「井筒屋」「大津屋」「曼荼羅屋」「柳屋」「紙屋」「篭屋」「山口屋」「瀬戸屋」「上山屋」「丹後屋」「竹野屋」「山本屋」「立野屋」「角屋」「鯛屋」「戸嶋屋」「中屋」など。

これらは、極楽寺や温泉寺の過去帳、寛文十二年（一六七二）の『薬師堂建立勧進帳』などに現れる屋号で、温泉寺過去帳の延宝八年（一六八〇）に見える「片岡平八」は今の「三木屋」の家系といわれる

温泉寺多宝塔。宝永元年（1704）建立

が、当時旅館を経営していたかどうかは不明。ただ名字は、一般の百姓には許されておらず、ほかには四所神社の神主をしていたという大檀那日生下家ぐらいしか当時の湯島では出て来ない。大檀那は、最も財力のあった温泉寺の檀家らしい。

しかし、旅館業の浮き沈みは激しく、享保十三年（一七二八）、油屋仁左衛門は四所神社の鳥居をポンと寄付したが、四十一年後に行われた同神社の社殿改修事業に加わった十七人のうちには名前は現れない。この十七人は「亀屋」「水口屋」「瀬戸屋」「湊屋」「糀屋」「角屋」「船屋」「山崎屋」「丹後屋」「曼荼羅屋」「播磨屋」「姫路屋」「板屋」「大津屋」「油筒屋」「宮前」「井筒屋」となっている。

このような新旧交代はほんの一例に過ぎない。元禄時代以前に生まれた旅館で、屋号と家系がそのまま続き、途中とぎれていないと思われ、今日も旅館を続けているところを捜せば「山本屋」だけとなり「三木屋」もその可能性がある。ただ、屋号＝旅館と決めることはできず、他の商売だったかもしれないし、農家も屋号を持つ例もある。

屋号を見ると「田結屋」「姫路屋」「竹野屋」など経営者の出身地と思われるものが一番多い。名字を持たぬ当時の百姓が何らかの営業を

太鼓橋と旅館

始める際、出身の村の名を屋号としたのか。また「油屋」は字の通り油商。灯明の油を扱う有力な家が多く、各地の温泉地で「油屋」の屋号を見い出すことができる。「井筒屋」の井筒は井戸の側面の板のこと。「板屋」「紙屋」「篭屋」も読んで字のごとし。江戸中期には宿の屋号として「米屋」「魚屋」「万頭屋」なども現れるから、「油屋」にしろ、初期は商売のかたわら入湯客に宿を提供したのだろうか。

老舗の軌跡

江戸時代を通じて「上山屋」「六軒屋」「大阪屋」「海老屋」「戎屋」「塩屋」「百合地屋」など、現れては消える数多くの旅館があった。同じ屋号でも、それを継ぐ家の浮き沈みや家系断絶によって転売された例も多かったと思われる。寛文十二年（一六七二）で屋号旅館は十軒余り、半世紀後の享保年間（一七一六―三六）の河合章堯『但馬湯嶋道之記』によると「大津屋、井筒屋、油屋、松屋などの家十軒ばかり、その他は小家なり」となっている。

大師山山頂の石仏群

さらに寛延二年（一七四九）四所神社の改修事業に加わったのが十七軒。このうち、元禄年間（一六八八―一七〇四）以前から名前が見えるのは「瀬戸屋」「角屋」「丹後屋」「曼荼羅屋」「板屋」「大津屋」「井筒屋」の七軒。

寛延二年から五十年を経た寛政十一年（一七九九）の温泉寺年中行事には、五十九軒もの旅館が現れる。元禄以前からの屋号では「山本屋」「板屋」「曼荼羅屋」「井筒屋」「立野屋」「大津屋」「油屋」「田井屋（田結の転化か）」「丹後屋」「山口屋」「戸島屋」「柳屋」「角屋」「瀬戸屋」が見い出せる。ところが三十数年後、天保年間の全国的な大飢饉（一八三三―三六）では、半数の二十八軒までに減ってしまった。

屋号旅館の系譜は、大正十四年（一九二五）の北但大震災で町が全焼したこともあり、部分的なことしかわからない。江戸時代を通じて「タイヤ」と読める屋号だけでも田結、田井、鯛の三つあり、「大津屋」「丹後屋」「舟屋」「三木屋」などは、それぞれ上と下を付けて「上大津屋」「下大津屋」などと現れるから、分家したらしいことを示している。今の「小林屋」は「瀬戸屋」を継いでいるし、麦わら細工の「神谷民芸店」は、元禄以前に現れた「紙屋」の流れ、「板屋」は今の

大谿川河畔の旅館街

「いたや物産店」が継ぐなど、転業しても続いている家は湯島に何軒かは残っている。

　これら老舗は、江戸時代を通じて庄屋、年寄、百姓代などの役職に就いた有力な家だった。『城崎町史』（一九八八年）で郷土史家・児島義一（平成九年、八十九歳で死去）は、文化八年（一八一一）、湯島南隣の今津村が円山川の渡し舟を新造する際、湯島の六人が出資したという古文書などから、当時の有力旅館を経済面から分析している。

「湯嶋村六人の出資者はいずれも湯嶋村の旦那衆で、旅篭を営みつつ所有農地を水のみ百姓に小作させている地主階層である。文化・文政時代の湯嶋村の旦那衆は金貸しで利を得ていた」とする。『町史』はまた、天明の大飢饉（一七八二―一七八七）で、餓死者を出して窮乏する隣の飯谷村に、湯島の井筒屋は「銀八匁」を貸したことや、井筒屋六郎兵衛が蔵を開いて村人を助けたことも紹介している。

　また「山本屋」は、戦前まで湯島や桃島村だけでなく豊岡市にも多くの田地を持つ地主で、造り酒屋、金融業なども手掛けていたという。今日「山本屋」一族はその名字をとって〝結城巻〟と呼ばれ、数軒の旅館をまとめてその中心に位置している。また「板屋」を継ぐ三宅家は、学者、軍人、教育者などの逸材を生み、明治、大正、昭和の三代にわたって健筆をふるった大ジャーナリスト徳富蘇峰（一八六三―一九五七）の長女と四女を嫁に迎えた。

油筒屋

京都府・丹後出身で、漢方とオランダ医学を学び、長崎でオランダ人の診療にも当たった新宮凉庭（一七八七―一八五四）は、明治も近い弘化二年（一八四五）、城崎温泉を訪れ「油筒屋」に泊まった。

城崎の旅舎西村氏に投ず。油筒屋六左衛門灯をともす。私は四十年前にこの地に遊んだが、この村には温泉が出て山麓に村がある。山間に三百余家が並び街を為す。逆旅《げきりょ》（旅館のこと）五十、皆温泉のまわりに家を造り、楼を起こし、皆三層、極めて壮麗。これらの旅館は数百年来続いているが、西村氏はその雄也。館舎百余室ある……

（新宮『但馬紀行』より。原文は漢文）

湯の山公園から
見たゆとうや

今日の「ゆとうや」で二十室、百人の収容だから「百余室」もある当時の「油筒屋」は、ものすごい規模の旅館だったことを想像させる。この油筒屋はいつごろ生まれたのだろうか。

湯島では一般に「井筒屋と油屋が合併して油筒屋になった」といわれている。『極楽寺過去帳』によると、油筒屋の屋号が最初に現れるのは元禄六年（一六九三）。「ゆとうや」の十三代目当主・西村六左衛門（城崎町の三十三―三十五代目町長、昭和六十二年、六十七歳で死去）によると、旅館を始めたのは三代目からで、それまでは廻船問屋を営み、北海道まで出向くなどして財を築いたという。

戦後、十二代目の西村六左衛門が京都・大徳寺の僧に家系を調べてもらったところ、年代は不明だが油屋三代西村仁左衛門の子の六左衛門（一七四九年没）と井筒屋武谷六郎兵衛の娘（一七五七年没）が結婚、分家したものという。

こうして、湯島では婚姻関係で結ばれた三家が権勢をふるうことになった。三家で分担して、極楽寺の本堂、庫裏、山門を建てたほか、温泉寺の普請にもたびたび名を残している。油屋、井筒屋は庄屋を歴任したが、油筒屋は年寄、百姓代の職に就いたものの、庄屋になって

「ゆとうや」(2004)。老舗らしい門構え

いないのは分家ということの反映だったのかもしれない。

油筒屋は戦後、屋号を「ゆとうや」と平仮名にした。井筒屋の武谷家は以前に旅館を廃業した。油屋は幕末のころ事件に遭って絶えた――と、湯島に口伝が残る。

しかし、後に登場する近代の城崎の史料『石田松太郎手記』は、明治前期の国会開設運動で「当町油屋旅館の娘である西村よのさんは、実業を捨て自由党板垣退助先生の傘下に馳《は》せ参じ、諸国を遊説された」としているから、明治になっても油屋は存在していて言い伝えと矛盾する。老舗をめぐる話題は湯の町に尽きない。

「山を抜く」薬効

これまで元禄年間(一六八八―一七〇四)以前の屋号、以後の屋号など、元禄時代を一つの区分にしたのは、十七から十八世紀への変わり目のこの時代に、歴史上大切な意味があるからだ。この五代将軍徳川綱吉の治政下、幕府の基礎は固まり、農業生産や商品経済が発展、

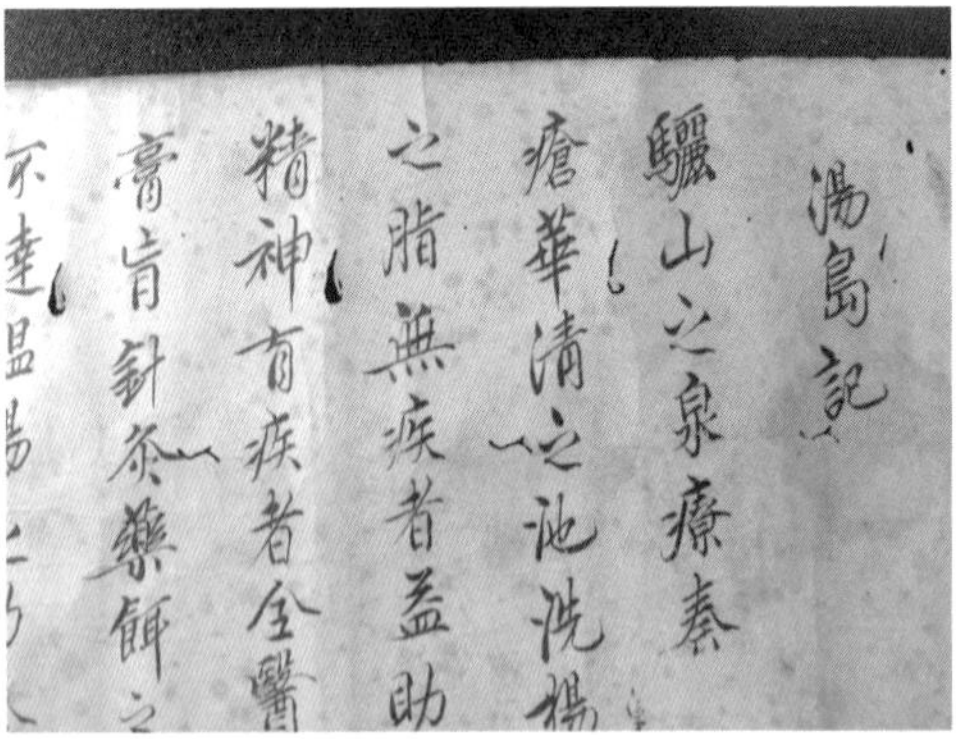

菊池武雅が書いた「湯島記」。江戸時代では最も早い時期の入湯記録に当たる（城崎町美術館所蔵）

町人が台頭した。

江戸中期の名医・香川修庵（徳）が享保十九年（一七三四）に『一本堂薬選』を著し「但州城崎新湯《あらゆ》（今の「一の湯」）を最第一とす」と絶賛する三十年前、早くも城崎温泉の薬効に感激した湯治客がいた。その人は宝永二年（一七〇五）四月、同地を訪れた讃岐（香川県）高松藩の儒官・菊池武雅。性病の一種で陰部に伝染性の潰瘍《かいよう》ができる下疳《げかん》の病にかかり、四日がかりで高松から来湯、一週間で完治して大喜びで帰っていった。彼の書いた『湯島記』が温泉寺に残されている。

但州城崎郡湯島の村は温湯で有名だ。昨年十二月に下疳の病にかかり、綿花瘡（綿のように化のうしたのか？）となったが、医者をかえ、手を尽してもちょっと良くなっただけ。休暇をもらって四月二十二日船で高松を出発二十三日播州鹿間（今の姫路市飾磨）着。山川を越えて二十五日但馬の豊岡に着いた。そこから川を三里（十二キロ）下ってようやくここに来た。

（原文は漢文）

菊池がかなり苦労して湯島へ来たことがわかる。城崎温泉は讃岐でも広く知られていたようだが、「名山もなく、よい景色の川もなく、狭苦しい山深い田舎で、長い間留まるべからず」と書いている。また「荒湯、中の湯、上の湯、御所の湯、曼陀羅湯の五つあり、荒湯はものすごく熱くてとても入れない。他の湯の性質はそれぞれ異なり、中の湯が最もよいから、そこに入った。初日は一回、翌日は再三、三日に及べばその倍入り、七日目には完全に治った」という。

菊池は「（この湯の効き目は）虎を搏《う》ち山を抜く勢いだ。私一人ではなく、天下にこのすばらしい湯を知らせたい」という最大級の賛辞を、城崎温泉に贈った。

芽生える町並み

『湯島記』を書いた高松藩の儒官・菊池武雅ら、江戸時代の前半の湯治客らはどんな所に泊まったのだろう。江戸後期の文化三年（一八〇六）版の旅行案内記『但州湯嶋道中独案内《ひとり》』には、大谿川をはさん

「温泉寺縁起図」（温泉寺所蔵）

で六十軒余りの町並みを描いた絵図が付いており、いかにもにぎやかそうな湯島の様子が手に取るようにわかる。

ところが、その百年前の一七〇五年に菊池らが訪れたころの湯島は、温泉寺にある「温泉寺縁起図」を見ると、今の感覚からすればにぎわいとはほど遠い町のたたずまいだった。

「縁起図」を描いたのは、京都の画家・海北《かいほう》友竹。絵図に年号は入っておらず、いつ描かれたかははっきりしない。友竹の没年は享保十三年（一七二八）、七十五歳だった。ところが「御所湯」の西隣（今の西村屋）に、同十一年に設置された代官の休憩所「陣屋」らしい建物が見えるから、それが「陣屋」とすれば、友竹が死ぬ二年前、七十三歳以上の高齢で描いたことになってしまう。ともあれ、外湯らしき建物も五カ所あり、江戸時代中期の作品であることには間違いない。

絵図の大きさは、畳二畳分より一回り小さい程度。上半分に道智上人らが登場する縁起の物語が描かれ、下半分は作者が見たと思われる当時の町並みの図。細い絵筆で人の表情まで描き込まれており、じっと見ていると二百七十年以上も昔の湯島に引き込まれそうな錯覚に襲われる。

「温泉寺縁起図」(部分、1720年ごろ)。中央の建物は「御所湯」、左が「陣屋」らしい

絵図には、二十軒余りの家がポツポツと並んでいるだけ。しかも、かわら葺きの建物は、温泉寺と極楽寺ぐらいで、ほかは平屋のワラかカヤ葺き、または板屋根。今の「一の湯」付近には、四軒の建物が並んでいるが、いずれも間口二間(三・六メートル)ほどで今の感覚では掘っ立て小屋にしか見えない。また「一の湯」前の王橋は、絵画的な誇張もあろうが、図中の人物が三、四歩で渡れそうな貧弱さ。「御所湯」前には髪を乱した下帯姿の男や子どもを背負った男、つえをついた人たちが歩いている。

屋号旅館とはいっても看板を出しているわけではなく、大きさから見て、せいぜい数人が泊まれば満員だった様子。また外湯も、湯つぼはせいぜい二畳ほどの大きさだったのだろう。

しかし江戸前期の京都近郊の絵図を見ても、湯島とよく似たたたずまいだったから、江戸時代中ごろの地方としては飛び抜けた町並みだったはずだ。だからこそ海北友竹は「縁起図」で温泉発見伝承を描いた下に、そのお陰で〝栄えた町〟という思いを込めて当時の町の姿を付け加えたのかもしれない。

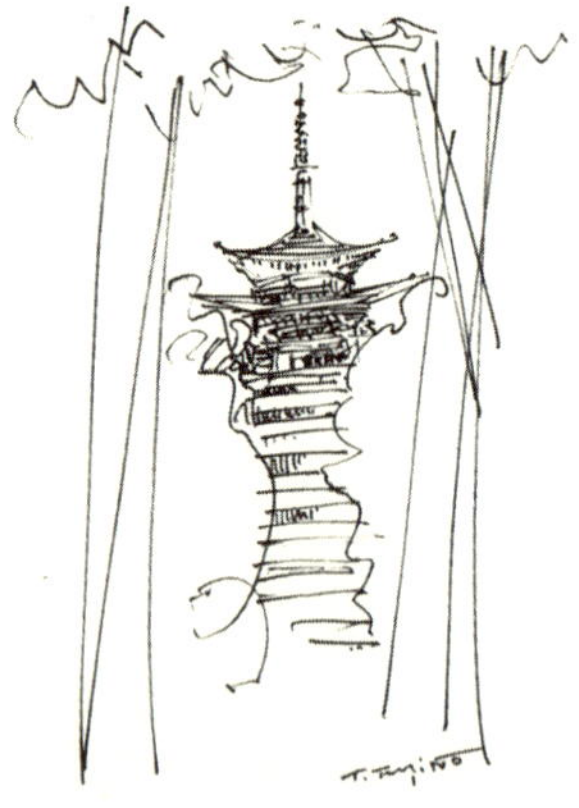

温泉寺多宝塔

城崎と有馬

城崎のライバル・有馬温泉も豊臣秀吉（一五三六―九八）らに愛され、その後、江戸時代に隆盛した。草津（群馬県）が関東の代表とみられ、関西では有馬が一方の雄だった。鉄分を多く含み、手ぬぐいをつけると赤く染まってしまう有馬の湯と、あくまで透明な城崎の湯。海に近い城崎は湯島と呼ばれ、有馬は湯山とも呼ばれた。

江戸時代前期の延宝五年（一六七七）、有馬では湯治に来た京都・宇治の万福寺の釈別伝ら四人の僧が「有馬十二景」を選んだ。「温泉寺鐘、有馬桜桃、三笠時雨、羽束山月、落葉暮雪」など。その九年後の貞享三年（一六八六）、城崎では豊岡藩主京極家五代高住が「城崎八景」を選んだ。「温泉寺晩鐘、松崎晴嵐、桃島夜雨、戸島秋月、畑上暮雪、絹巻落雁、気比夕照、津山帰帆」の八景。湯島やその周辺の見どころを美しく詠み込んでいるが、有馬と同様の感覚で選ばれている。

時代は百年ばかり下って明和四年（一七六七）、四友亭古道という人物が「城崎十景」を選んだ。「温泉寺暁鐘、桃島薄靄、結浦漁舟、今

昭和2年の「新選城崎八景」に添えられた「水明桜跡晴嵐」（田中粂之助作）。町文芸館が所蔵

津涼風、津居山白雨、二見孤月、愛宕山遊鹿、松崎返照、絹巻群鴎、楽浦積雪」。

　有馬は「十景」に遅れること三年、同七年（一七七〇）に「有馬六景」を決めた。「鼓滝松嵐、有馬桜春望、巧地山秋月、落葉山夕照、温泉寺晩鐘、有馬富士雪」。江戸前期と後期、一世紀をはさみ相前後して有馬と城崎が、それぞれ自慢の景色を並べたのは面白い。これらの景色は、当地を訪れた文人墨客によって歌や俳句、漢詩の材料となり、めでられた。

　近代の城崎では昭和二年（一九二七）、時の町長・西村佐兵衛が「新選城崎八景」を選ばせた。「東山秋月、温泉寺晩鐘、水明楼跡晴嵐、二見落雁、津居山帰帆、日和山名照、絹巻夜雨、来日山暮雪」。この八景の絵は、城崎町文芸館に展示されている。すでに帆船もなくなり、「愛宕山遊鹿」をほとんど見ることはできない。しかし、「温泉寺晩鐘」や「楽浦積雪」など、今も味わえるものも多く残されている。

「新選城崎八景」
「温泉寺晩鐘」

日本一

古代から温泉の効能は広く知られていたが、科学的な考え方から温泉療法が研究されたのは、江戸時代に入ってからだ。儒学者としてだけでなく科学者、医師としても多くの著作を残した貝原益軒（一六三〇―一七一四）が『有馬湯山記』（一七一一）で、入湯方法を詳しく書き、温泉研究は盛んになった。

城崎には今日まで三人の恩人がいたといわれている。一人目は湯島の新湯（今の「一の湯」）を「日本一」と書いた医師の香川修庵（徳）、二人目が城崎周辺の名所を広く紹介した柴野栗山、そして三人目は『城の崎にて』の志賀直哉。城崎の名を全国に知らしめるうえで、この三人の功績には計り知れないものがあった。

香川（一六八三―一七五五）は、播州姫路の出身。享保十九年（一七三四）の『一本堂薬選』で「此邦諸州温泉極めて多し、而して但州城崎新湯を最第一とす」と書き、草津（群馬県）、有馬（兵庫県）、熱海（静岡県）、箱根（神奈川・静岡県）、道後（愛媛県）などをその次に評

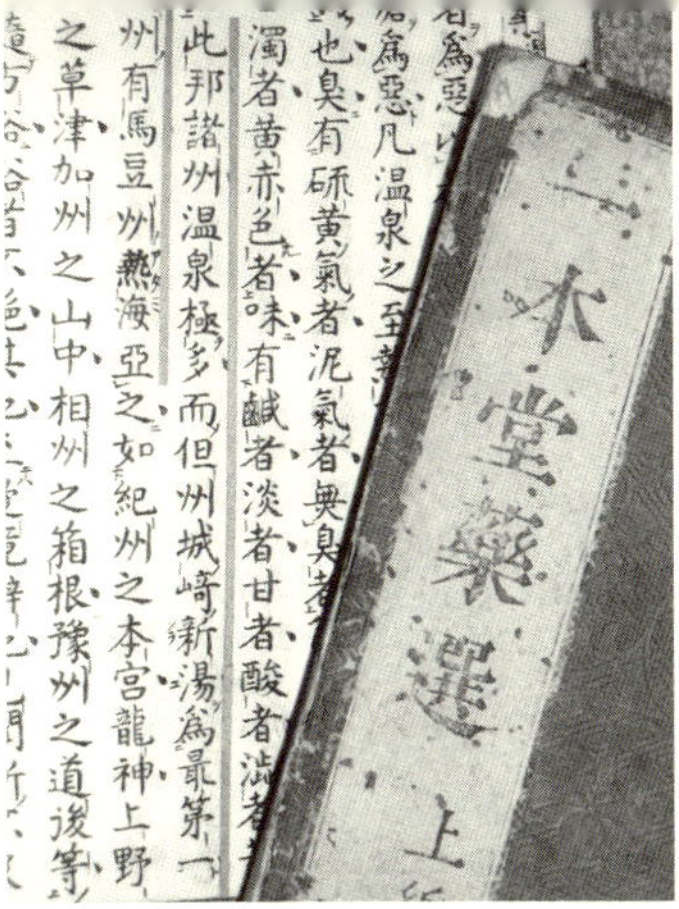

城崎を〝日本一〟と評価した香川修庵
「一本堂薬選」（城崎町文芸館資料）

価した。

播州出身の香川が、隣国但馬の湯をえこひいきしたのではない。この説は、香川の師・後藤艮山《こんざん》（一六五九―一七三三）の研究を受け継いだもので、後藤が著書を残さなかったため、香川が自分の号・一本堂をつけた本で紹介した。『薬選』出版の前年、享保十八年の河合章尭『但馬湯嶋道之記』にも「京都の医師後藤左一郎（艮山のこと）此湯の諸病に効ある事を考えて説き、広めしゆえに……入湯の者多し」と記されている。

後藤は、江戸中期の医学革新運動の先駆者として、二百人以上の弟子を抱え、灸や温泉など実効性のある民間療法を積極的に取り入れた。それまでの医師は、僧形をしていたが、後藤は髪を頭のてっぺんに束ねるヘアスタイルで知られた。これは〝後藤流〟と呼ばれ、医師の社会的地位の確立に貢献した。後藤流は、時代劇に出てくる町医者の姿としておなじみとなっている。後藤の一番弟子が、香川だった。

当代随一の医師とその弟子が「城崎温泉は日本一」と折り紙をつけたのである。文化七年（一八一〇）の旅行ガイドブック『旅行用心集』には「諸国温泉二百九十二ヶ所」とあるから、城崎はざっと全国三百

大師山山頂の石仏

の温泉地に君臨した。
城崎は黄金期を迎えた。逆に有馬は、泉源の疲弊もあってさびれていく。

湯熊灸庵

なぜ後藤艮山やその弟子香川修庵ら、江戸前、中期の名医らは城崎の湯を「日本一」と評価したのだろう。

後藤は、万治二年（一六五九）江戸に生まれた。後に京都に移り住み、苦労して独学で医学を学んだという。そのため伝統にとらわれず、自由な発想から温泉に着目した。高価な漢方薬よりも、治療に役立つものは何でも採り入れようとしたから、温泉、熊の胆、灸を多用、彼は「湯熊灸庵《とうゆうきゅうあん》」とも呼ばれていた。

後藤説は、あらゆる病気は陽の「気」と陰の「気」の不調和によって生じるという「一気留滞説」の立場から、その「留滞」を解くには温泉の効能が一番良いとしていた。香川は後藤に入門後、師に才能を

温泉寺の持国天

高く評価され、儒学の大家・伊藤仁斎の塾に五年間通わせてもらうなど、高弟としてかわいがられた。香川の著書『一本堂薬選』（全四巻）は、後藤説とそれを受け継いだ香川の研究を集大成したもの。

『薬選』によると、温泉の良しあしを決める基準は「極熱して瘡《そう》（皮膚がただれること）を発するを以て佳となし、微温にして瘡を癒するものを以て悪となす」としている。この論点から、高温の城崎を第一にし、それより低温の有馬や熱海を二位とした。

また、湯の味も重要で、わずかに塩辛い城崎は極めて良い。有馬のように辛すぎて苦い湯は良くないだけでなく、赤い湯は鉄分らしいから飲むと毒でさえある――という意味のことを書いている。温度、味、色などあらゆる点からみて、城崎温泉は後藤や香川の説にぴったりと一致したのである。

『薬選』の出版で、有馬の声価は落ち、城崎は栄えた。有馬はよっぽど悔しかったのだろう。文化十三年（一八一六）、大阪の医師・柘植龍洲は『温泉論』四巻で有馬を激賞したが、これは有馬の旅館主たちが『薬選』に対抗して書かせたものだった。さらに『温泉論』では、香川が城崎を第一とした理由は「香川が有馬を訪れ〝有馬を日本一と

極楽寺石庭。「心」という字を表現している

宣伝してやろうか〟と持ちかけたが、地元の人は〝有馬はすでに天下一の湯として知れ渡っている〟と、香川を無視、冷遇したためだ」という。これは真実かどうかはわからないが、有馬が『薬選』にじだんだを踏んだのは事実だったろう。

ガイドブック

備前（岡山県）の岡山藩士、河合章堯は享保十三年（一七二八）九月、藩主から暇をもらい伊勢神宮（三重県）参りをした足で、すぐに湯島を訪れた。備前の人間が伊勢へ行った後、帰り道に近い有馬へ寄らず、わざわざ遠回りしたのだった。

享保十八年に木版印刷で出版された『但馬湯嶋道之記』は河合の体験をもとに書かれた旅行ガイドブックで、江戸時代中期以降に数種類登場する湯島案内記のはしりとなった。

河合が通った道は、伊勢から滋賀県大津―京都―福知山―宮津―岩滝―久美浜（以上京都府）―飯谷（城崎町）―楽々浦（同）―湯島。帰

「但馬湯嶋道之記」（1732）に描かれている約270年前の湯島。今の「一の湯」付近（「まんだらや」資料）

りは播磨路を経て備前へとなっている。丹後の宮津―久美浜を通り楽々浦から円山川を渡るルートは大筋で平安時代から変わらない。竹田（和田山町）―豊岡間の円山川高瀬舟は宝暦三年（一七五三）まで待たなければならない。

『道之記』には道中七十七の村や川が親切に紹介されており、旅人が利用しやすいようになっている。例えば楽々浦（原文では「笹の浦」）は「久美より二里半（十キロ）、川端なり。船にて湯嶋へ渡る。水上半里（二キロ）なり。船賃は定《さだめ》あり。此川は播州幾野（生野町）より落ちる川にて川下は湯嶋より一里（四キロ）ばかり下にて海へ落ちるなり」と、地形や距離なども記されている。

また、長期間滞在する湯治客の慰みに、豊岡市津居山や瀬戸の日和山海岸で遊ぶ者もいた。津居山は湯島の四キロ北にあるが、船で行くと近いから「湯治の男女、湯に入るのひまひま、行厨《こうちゅう》（弁当）竹筒（水筒）を携へ……岩上に氈《かも》（獣毛で織った敷物）を敷き、漁舟を招きて鮮魚を買い、鱠《なます》に調し（こまかく切って）柴火をやきて酒のみ興ずる処なり」。

長距離を何日もかけ、湯島目指してとぼとぼ歩いた湯治客。多くは湯の効能にすがりつきたい病人だったはず。一方で湯治の傍ら、津居山で遊ぶなど行楽の要素も芽生えつつあった。

湯壺は九つ

享保十八年（一七三三）版の『但馬湯嶋道之記』から、当時の入湯風景をのぞいてみよう。

楽々浦から船に乗って湯島へ着くと、日本一の名も高い新湯は目と鼻の先にあった。船着き場には宿から荷物持ちの者や客引きの者が来ていて、気をつけないと、予約しておいた宿以外のところに連れていかれてしまう。一度別の宿に入ってしまえば、宿を替えることは難しいから、客引きが帰るのを待って船を下りなければならない。

四所神社を中心に、上と下の町に分かれ、湯壺と宿が川を隔てて両側に並んでいる。下の町には新湯や中の湯、上湯があり、宿

「温泉寺縁起図」にみられる江戸時代前期（1720年ごろ）の「四所神社」付近

も良く数も多い。上の町には、御所湯、曼茶羅湯があるが、家数も少なく曼茶羅屋という家以外は宿は悪い。豊岡藩主京極殿の休憩所として設けられた陣屋は、今は代官が使うから「殿の湯」といい、一般の人は入浴できない。上、下の両町合わせて、湯壺は全部で九つある。

新湯には、一の湯、二の湯の二つある。昼間はきょうは一の湯に湯を溜め二の湯に入り、あすはこの逆となるが、夜になると男女を分けて一の湯、二の湯の両方に入る。一の湯のわきに湯口があり、そこからトイを渡してそれぞれの湯壺に注がれている。さすがに新湯は日本一といわれるだけあって、入湯する者が多い。

宿に着くと、有馬のようにその晩は出来合いの料理を出してもらえる。しかし翌日からは、客の方で米、みそ、塩、薪を用意し、自炊するか、米を宿に出し一汁一菜を添えてもらって泊まるか決めなければならない。宿に頼めば、一品料理を出してもらえる。貸し布団や夜着もあるが、木綿と絹のものがあり絹は高くつく。灯明銭は一人三銭、掃除銭は一間二十五銭、そのほか湯女や下女など世話してくれる者にもチップを渡す。

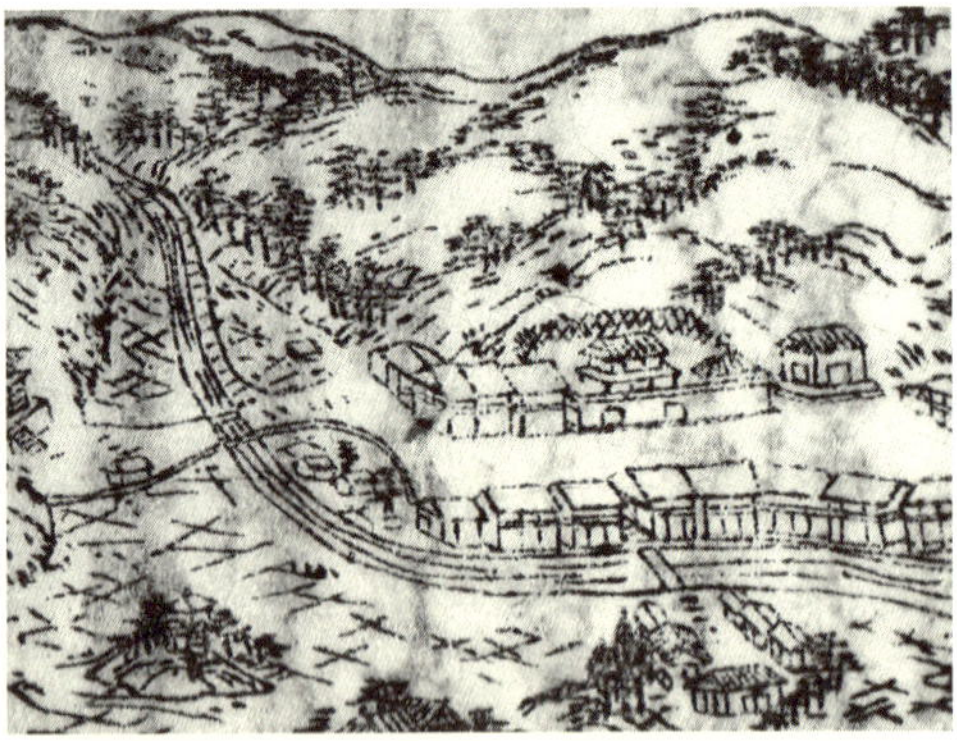

文化３年（1806）版「但州湯嶋道中独案内」の絵図。「御所湯」から上の町にも宿が並んでいる。大谿川の川筋は今とほぼ同じだ

米屋より、米、みそ、しょうゆなどは有馬のように買えるし、台所道具は宿から貸してもらえる。酒、たばこ、茶はいいものがなく持参した方がいいが、魚はふんだんにある。タイ、アワビ、シイラ、サバ、ハマグリ、サザエ、カキのほかフナ、イナ、アヤも多い。サケ、マスもまれに手に入るが高価だ。小間物の店では、柳ごうりや京都、大阪から取り寄せたものを売っている。

江戸時代の中ごろ、湯島は湯治場としての形を整えていた。

外湯の変遷

現在の城崎温泉には、大谿川の上流から「鴻の湯」「まんだら湯」「御所湯」「一の湯」「柳湯」「地蔵湯」「さとの湯」の順番で七つの共同浴場（外湯）がある。戦後、泉源から湯を一まとめにして、外湯と旅館の内湯へ配湯する集中管理方式となったため、どの外湯でも同じ湯になっているが、江戸時代には外湯がそれぞれの泉源と直結してお

『独案内』の大谿川下流。右下に弁天山が見える。道筋は現代と似ている

り、成り立ちも違っていたはずだ。

宝永二年（一七〇五）の『湯島記』には、荒湯、中の湯、上の湯、御所の湯、曼荼羅湯の五湯があったとされている。『但馬湯嶋道之記』によると、河合章堯が享保十三年（一七二八）に湯島を訪れた際には、新湯、中の湯、上湯、御所湯、陣屋、曼荼羅湯の六湯で、荒湯と新湯は同じもの、陣屋は代官専用。文化三年（一八〇六）版『但州湯嶋道中独《ひと》案内』には、新湯、口の湯、中の湯（かせ湯）、常湯（上湯）、御所の湯、まんだら湯の五湯のほかに「鴻の湯」も出て来るが「薬師堂の東、山根にあり、昔疵《きず》をこうむりたる鴻、みずからこの湯に入り治せしとかや」として、「湯嶋名所遊行所」の項目に入っている。湯は湧いてはいたが、利用されておらず伝説の〝名所〟となっていたらしい。

文政三年（一八二〇）の『但馬城崎湯治指南車』には「鴻の湯というものがあるが、今は捨てられ諸人入湯せず、地元の者が入っているぐらいだ。たまにそのことを聞いて入る旅人もおり、私も試しに入ってみると御所湯や曼荼羅湯と変わらない」となっている。また『指南車』によると、他に「非人湯という有り」として、江戸時代の身分制度で士農工商の下に置かれた階層を、他の外湯と分けて入湯させていた、という記述もある。

鴻の湯がきっちりした外湯として登場するのは、明治初期の史料から。地蔵湯は、幕末も近い天保十五年（一八四四）に出版された『但州湯嶋之道草』という道中記に現れる。

日本一と称された新湯には、入湯客が多く、浴槽を増やして一の湯、二の湯、三の湯と発展し、一の湯に日本一の「一」を重ねて今の「一の湯」となった。一方それより古いと思われる「鴻の湯」は、村外れにあったためか人々に忘れられ、江戸末期ごろ〃復活〃したらしい。

湯女

湯島が湯治場として発達するにつれ、入湯客の世話をする湯女《ゆな》も姿を現し始めた。『但馬湯嶋道之記』（享保一八年＝一七三三）には「幕《まく》湯《ゆ》あれば湯女が世話する也。上下の湯に湯女頭有りて其家の母妻など勤る。別に若き湯女も一人づつ有。帰りには此湯女共にそれぞれに祝

儀をつかはす」と書かれている。

幕湯とは、今でいう家族風呂のような貸し切りの風呂のこと。浴場の入口に幕をかけ、他人の入浴を禁止した。逆に、誰もが一緒に入るのを「入り込み」といった。宝暦十三年（一七六三）版の『但州湯嶋道中独案内』には「大幕」と「留切幕《とめきりまく》」の二種があり、代金が違うとしているから、大幕は浴槽一つ全部を貸し切り、留切幕は一部を仕切っただけ、とも考えられる。

『独案内』は、入り込みにすると人が多くて思うように入れない。とりわけ「身に痛所ある人など難儀なり。必ず幕湯にすべし……幕湯一日三度づつ湯女よびに来る」。幕湯の客は「湯女支はい人菊や清助並湯女三四人何れも着時とあがりとに心持次第祝儀をやりてよし」としている。

「有馬、湯でもつ湯は湯女でもつ」と歌われたほど、有馬の湯女は有名だった。客と碁を打ったり和歌を詠む教養も必要で、一般に客と〝なじむ〟ことは厳禁されていたという。

湯島では、寛保三年（一七四三）の温泉寺文書によると、「湯女役」というのが現れ、「口湯」と「奥湯」の権利を入札で落としていたこ

文政10年（1827）「滑稽有馬紀行」に見える有馬の湯女（昭和13年、小澤清躬・著「有馬温泉史話」）

とがわかる。口湯は、新湯や中の湯など下の町の外湯、奥湯は曼荼羅湯を指しているのだろう。近代でも外湯の営業権は、大正時代中ごろまで入札制度がとられ、外湯の支配人を湯番や湯女と呼んだという＝「花の木荘」中島謙治郎（平成五年、八十一歳で死去）の話。

「湯女」―「湯女頭」―「湯女役」―「湯女支はい人」―「湯番（湯女）」という流れは、客の世話をするだけの湯女から湯島独特の「湯女制度」とも呼べる外湯管理制度に発展したとも考えられる。

湯島への道

江戸時代の中ごろから、城崎温泉に関する年表は一挙に密度を増す。享保五年（一七二〇）、大阪商人八人が津居山から播州市川の河口・妻鹿までの通い舟を計画したが、実現しなかったらしい（『豊岡市史』上巻）。しかし、同十八年の『但馬湯嶋道之記』には「豊岡より来る者も、笹之浦（楽々浦）から来る者も、船の着き場は同じ」としているから、享保のころには豊岡―湯島間の船便はあったようだ。江戸後期になる

江戸時代の円山川水運
(『城崎町史』をもとに作図)

が天保十五年(一八四四)版の道中記『但州湯嶋之道草』には、生野(朝来郡生野町)から陸路を円山川沿いに下り、納屋という村で「湯治に行く人は此里より船にのりて湯嶋にいたるなり」と書かれている。

納屋という地名は、豊岡近辺の人ならたいてい聞き覚えがあるが、住所表記上は現在の豊岡市上佐野の納屋地区に当たる。日高町との境に近い円山川左岸にあり、湯島から直線距離で約十二キロ南。このあたりから円山川はゆったりした大河の趣をたたえる。

しっかりした道があったのは豊岡までで、豊岡—湯島間は「ナダの悪路」といわれたほどの難路しかなく、船に頼ったらしい。宝暦三年に許可された高瀬舟も、雪に閉ざされる冬の間に限られていたからやはり湯島への道の主流は、陸路だった。この状態は、明治十四年(一八八一)、豊岡—津居山間の県道改修まで変わらなかった。かなりの人数が足しげく湯島をめざして歩き、道中の村々の中には旅行関連の仕事で生活をしていた所もあったようだ。

明治十一年(一八七八)九月、納屋地区の戸長・白髭浅右衛門以下三十五人は「今度馬車道がつくそうだが、ぜひ八代川に沿ってわが村の方へ向けてほしい。そのためなら道幅に合わない建物などは、全部

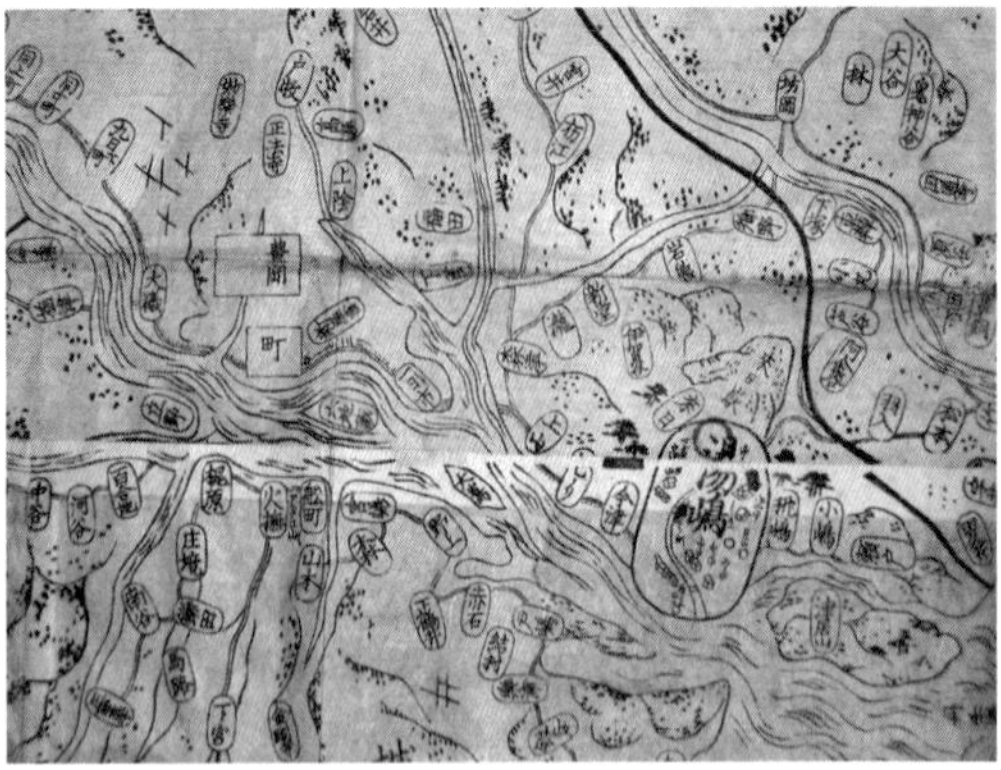

天明7年（1787）の「但馬国大絵図」の一部。豊岡（左端）よりもはるかに大きく「湯嶋」は描かれている

取り除く」という意味の願いを当局に出している。その理由は「村には耕地が少ないため、往古より湯島への入湯人の世話をしてどの家も生活してきた。御一新（明治維新）後は、わが村だけでなく、円山川沿いの村々が勝手にわれわれの領分を荒らし、不景気になったが、人力車や荷車をひいたり、荷物持ちなどをしてようやく生活できるようになった。今、わが村を通らず馬車道ができると再び困ってしまう」というのだ。

温泉はその周辺の村々にも、「往古から」生活の糧を提供していた。

殿様と庶民

五万八千石を誇った但馬一の雄藩・出石からも、藩主をはじめ多くの人が出石川を船で下って湯島へ通った。信州上田より出石に移封された仙石氏三代目の仙石政辰《まさとき》（一七二三―一七七九）は、彼の日記『多治満古里《たじまこり》』によると、宝暦三年（一七五三）、同七年（一七五七）、同十一年（一七六一）、同十三年（一七六三）の四回、入湯に来た。い

湯島街道（円山川河畔）

ずれも旧暦の八、九月だから季節は秋、二十日から二十三日間の滞在だった。

二回目の宝暦七年九月四日早朝「出石の城を出発。このほど川水涸《か》れて小舟行き交いたやすからずと聞けば、御座船の通路いかがと思いしに、昨日より雨下りて自由なることまさに君の幸福ならずや」と、雨による増水を喜んでいる。湯島までの途中、鹿の声が聞こえたといっては歌を詠んだり、「遠くて近きもの、舟の道、男女の仲」など『枕草子』談義を楽しんだりの優雅な船旅だったようだ。藩主の一行とはいえ、側近も含めて六人程度だった。

湯島に近い出石だから少人数の旅だったものの、安永九年（一七八〇）三月、京都・西本願寺門主が訪ねた際の一行は、何と四百人もいた。今でこそ、大型バスを連ねた数百人の団体でも受け入れられる城崎だが、当時としては大騒ぎだったはず。出石町宮内で庄屋をしていた家に残る「中山文書」によると、同月十九日、門主一行が出石入り。造り酒屋だった「下吹田屋」に本陣が置かれた。「お先荷」だけで十一駄《だ》（一駄は百三十五キロ）。周辺の村から約六百人の人足を動員して、荷物を運んだという。

いつの世も、偉い人が来たときは大騒ぎとなり、記録も残される。しかし、名もない庶民の城崎湯治は、不幸な事故の記録としてしか残らなかった。『校補但馬考』によると、天保十二年（一八四一）三月十日、湯島入湯の乗合船が小田村（養父市八鹿町）より出発、中郷（豊岡市と日高町の境で納屋のすぐ南）で難破し、乗客十八人のうち四人が水死した。死者は、大和（奈良）の子供二人、播州の者一人、讃州（香川）の者一人だった。

独案内

宝暦十三年（一七六三）十一月に出版された『但州湯嶋道中独《ひとり》案内』は、画期的なガイドブックだった。内容と構成は、三十年前の享保十八年版『但馬湯嶋道之記』と似かよっており、これを参考にまとめたものと思われる。例えば、『道之記』で湯島の「酒よろしからず」としているのに対し、『独案内』は「近年は上酒あり吟味有べし」と、三十年間でいい酒が出回り始めたらしく『道之記』の記事を訂正している。

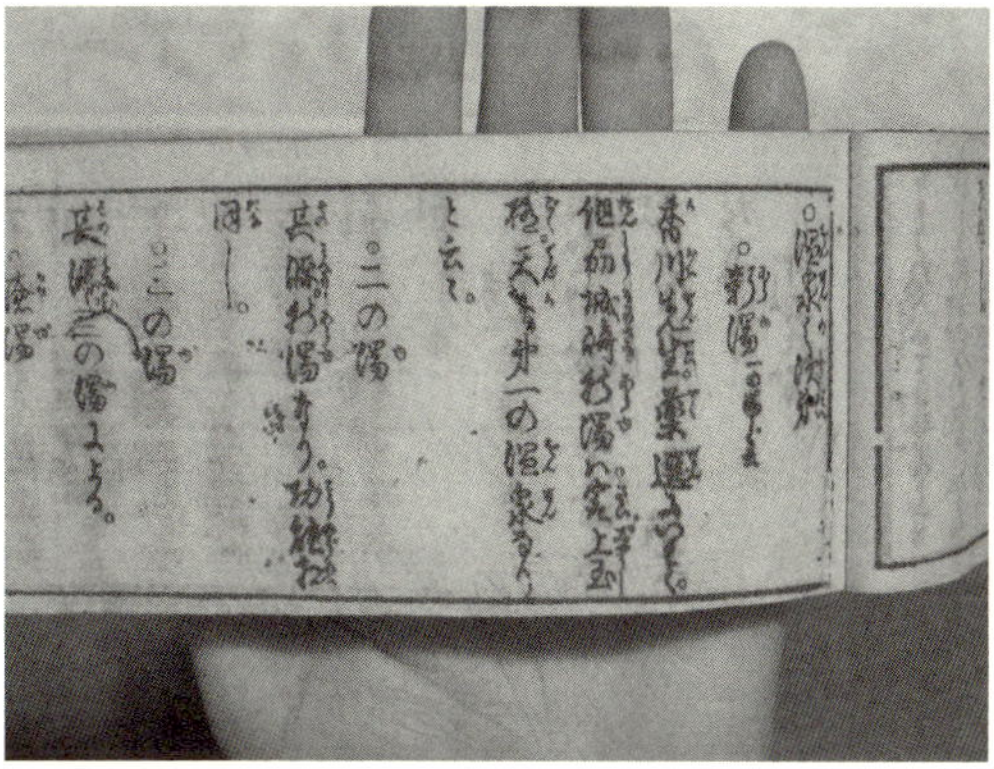

手のひらサイズの『但州湯嶋道中独案内』(町文芸館資料)

『独案内』の最大の特徴は内容よりもその大きさだ。縦六センチ余り横十三センチ余りと、手のひらサイズ。旅人が懐に入れ、道中で取り出して読みやすいように配慮されていた。しかも、道に迷わないように分かれ道は◭印、●印は立ち寄るべき名所、名所で分かれ道となっている所は◐印が、町や村、川などの名前の上に付けられている。また、渡し船などの料金だけでなく、京都や大阪からの荷物運送費と請け負う店の屋号、かご代なども詳しく書かれており、まさに一人でも安心して旅ができる案内書となっている。

奥書は「湯嶋中之町但馬本弘所　山崎屋勘十郎」「大坂高らいばし一丁目　書林　藤屋弥兵衛梓」。山崎屋は土産物のほか、貸しものとして三味線、尺八、歌かるた、軍書、怪談かな読本、道中記などの「御逗留中御入用之品」を扱っており、『独案内』に広告も出している。

構成は、まず温泉の効能と入浴法、由来、名所など、湯島の紹介に始まり、「京大坂より駕籠荷物人足賃金並人足宿所」と続く。これらはいわば導入部で、中身の大部分は道中案内に割かれている。「京より福智山越」「大坂より三田越」「大坂より播磨廻り」「福智山より丹後名所廻り」の四道中について、詳しい記述がある。『道之記』を書いた河合章堯も、丹後の天橋立に立ち寄って湯島に来たが、四番目の「丹後名所廻り」のように、天橋立と城崎温泉は、古くから北近畿観光のセットとなっていた。

『独案内』は文化三年（一八〇六）に改訂版が出版されたほど、旅人に親しまれた。

つつましく

江戸日本橋駿河町にあった呉服屋越後屋は、今の三越百貨店の前身として知られている。「現金懸値なし」「店前売」の新商法により発展した越後屋は、両替商も経営、その母体の三井家は豪商から明治になって財閥を形成した。三井家五代の三井高英の妻、静《せい》（一七七二―一八一六）は、文化四年（一八〇七）、病気治療のため城崎温泉を訪れた。

静は付き人を従えて五月九日、京都の家を出発、七月六日に帰京した。二カ月に及ぶ長期療養で、『但州湯嶋道中独案内』の宝暦十三年版と文化三年版の二冊がガイドブックとして使われた。

『独案内』の四所神社近辺

五月九日朝七時に出発した静は、『独案内』の第四番目のコース・京都—福知山—宮津（天橋立）から丹後回りをとり、十四日午後五時に城崎入り、予約しておいた「大津屋七右衛門」に投宿した。

五月十六日午前十時曼荼羅湯散歩
五月十七日朝夕二回同湯散歩
五月十八日朝夕二回同湯散歩
五月十九日早朝と夕二回一の湯
五月二十日夕方一の湯散歩

この五日間が一回りとなっており、六月二十七日まで、毎日二—三回入浴と散歩をたんねんに繰り返した。到着の翌々日から湯治を始め、軽い運動をしながらの療養は『独案内』の指示通りとなっている。一日の生活を見ると「朝食は平さざげ（豆の一種）の煮染　午前九時薬師堂参詣後入湯　昼食は白あえぜんまいと刻み昆布の澄汁《すまし》、御飯　正午過ぎ入湯　三時に御茶漬　三度目の入湯　夜は焼豆腐とかつを」となっている。つつましく、規則正しい生活で療養に専念していた。

また『独案内』にも指示されているように、大津屋の召使女や宿主人と妻、「惣湯支配人菊屋清助」、曼陀羅湯の湯女などへ一回りごとに

温泉寺薬師堂

祝儀をしたほか、浴場のろうそく代、宿の庭の掃除代、宿座敷代、布団代、蚊帳代、温泉寺薬師堂再建寄付や、米、酒、しょうゆ、みそ、塩などの支出があった。

土産物は、柳ごうりや麦わら細工などを京都に送り出している。こうして静は、無事病気を治し帰京した。しかし、温泉寺や極楽寺の過去帳には、湯治客が湯島の旅館で死亡したという記録も多くあり、その中には京都の僧侶や医師なども含まれている。

※この項目は三井高陽「越後屋反古控」（中央公論社『歴史と人物』昭和五六年十一月号）を参考にしました。

年中行事

江戸時代の湯島村は、豊岡藩、湯島代官の支配を経て延享二年（一七四五）から明治維新までの百二十三年間、天領として久美浜代官の支配下にあった。幕府は、佐渡金山や生野銀山を天領として直接管理したのと同じように、温泉を重視し、当時でひと夏に三十万人が訪れ

杉木立に囲まれた温泉寺本堂（2004年８月）

たといわれている関東の草津温泉も直轄地としていた。

他村と同様に湯島村にも庄屋、年寄、百姓代の村方三役が置かれたほか、温泉管理のための湯支配人、湯女頭がいた。旅館のほかに表具師、井戸番、あんま師、線香屋、たばこ屋なども職業として成立した。これらの職業は、湯島の寺の過去帳に登場する。今も城崎土産を代表する工芸・麦わら細工も、宝暦十三年（一七六三）の『但州湯島道中独案内』に出て来るから、江戸中期には始められたのだろう。その創始者といわれている「因州半七」は、享保十六年（一七三一）に亡くなった（温泉寺過去帳）から、時代は一致する。

この時代も、湯島の中心は依然として温泉寺であった。今日の同寺域内には、観音堂、別当坊、多宝塔、鐘楼、薬師堂などが建っているが、江戸時代には中之坊、北之坊、大門坊など、僧侶の住居だけでも六坊もあった、という記録が残っている。

温泉寺が湯島の社会的中心に位置していたことは、寛政十一年（一七九九）ごろの「温泉寺年中行事」を見るとはっきりする。一月八日は、薬師如来の徳を説く「薬師講」の日。この法会には、宗派の違う極楽寺、本住寺、蓮成寺のほか、医師の黒崎氏、板屋の三宅氏ほか二

昭和40年代の解体修理前温泉寺は草葺だった。写真は昭和29年（1954）撮影。向かって右が本堂（大悲閣）左が庫裏。江戸時代も同じ姿だったと思われる（温泉寺提供）

十八人が呼ばれている。大根、にんじん、栗、こんにゃくの盛り付け、コウタケとユリ根の汁。里芋、キクラゲ、カンピョウなどの料理を囲んで、温泉寺の法印を中心に、各寺院や有力者が会し、一年間の行事などを決めたのだろう。この薬師講は、大正時代の中ごろまで続いた。

このほか、二月の節分には、百十九軒に札を配り、三月二十四日の開山忌では料理八十膳を準備、四月八日は花祭り、六月二十九日は弁天祭り、九月九日は秋祭りなど、十二月二十五日のもちつきまで、湯島のさまざまな行事をつかさどっていた。

湯が湧かなかったら、湯島はただの山深い谷間。この「大谿」に、立ち止まる旅人すらいなかっただろう。湯を発見した道智上人を開祖とする温泉寺に信仰が集まったのは当然だった。温泉寺縁起は文化年間（一八〇四—一八）絵入りで木版印刷され、流布した。

桃源郷

三井高英の妻、静のように、ひたすら湯治に専念した人もおれば、半年間も湯島に滞在して毎日のようにドンチャン騒ぎをした揚げ句、持ち金を使い果たし、仏門に仕える身でありながら、大切な数珠を売り飛ばした人もいた。もちろん初めは、疥癬《かいせん》のかゆみに耐えかねて、この皮膚病に特効ありと聞く城崎へ湯治に訪れたのだが、さまざまな遊びや料理にわれを忘れ、湯治どころではなくなったらしい。

その人は、宝暦十一年（一七六一）、近江国栗太郡（滋賀県草津市下笠町）生まれの横井金谷《きんこく》。九歳で大阪の浄土宗・宗金寺に修行に出され、仏門に入った。後に「近江蕪村」といわれ、画家としても有名。文才にも恵まれ『金谷上人行状記』は、江戸時代の自伝的ドタバタ小説として知られている。屁《へ》とともに生まれたとか、十一歳で駆け落ちした……など、『行状記』はおもしろおかしく脚色されているが、天明四年（一七八四）の湯島入湯の話は当時の様子をよく伝えている。

金石上人は、二月五日京都を出発。福知山、出石に道中二泊し、八日、湯島の板屋清右衛門に投宿。「宿屋はすべて三階四階……その繁華さ、京大坂をも凌ぐくらいだが、どの家も昼夜門を閉めず、それで少しも用心が悪くない。だからますます桃源なのだが、むしろより楽しいのは、あらゆる設備と珍味佳肴《ちんみかこう》が備わっていることである」（平

「絵本城崎土産・下」（天保12年、船越隆斎写本）に描かれている読書風景二図（大阪府立中之島図書館蔵）

凡社刊、藤森成吉現代訳。以下同じ）

具体的には、楊弓場《ようきゅうば》、大弓の射場などの遊技場のほか、うどん、そば、ぜんざい、でんがく、あん餅、酒さかな、鍋焼き、しっぽく、甘酒等々「昼夜を分かたず触れ歩く」。果物も各地から船で運ばれ「運搬の魚類は山を成し、しかも価の安いこと！　銀一粒も出せば、目の下一尺二寸（約四十センチ）のフグであれ、ブリであれ、タコであれすぐ手に入るし、鳥はガンでもカモでも選り取り見取り」だった。

さらに貸し物屋があって、琴、三味線、鼓、太鼓、琵琶、尺八、碁、将棋、すごろく、刀や槍まで「注文すれば何でも持参し、たいして貸賃も取らず貸してくれる」。上人は、各地から集まった文人墨客と兄弟のようにつき合ったり、小船を買って瀬戸、津居山へ乗り出し潮来節を歌って一日を過ごした。

貸し物屋の様子や蔵書内容については、長友千代治著『近世貸本屋の研究』（一九八二年、東京堂出版）に「城ノ崎温泉中屋甚左衛門と入湯客」の章があり興味深い事実を紹介している。

湯島の人々は「日本一」の湯を求めて来る客を、ふんぞり返って「泊めてやって」いたのではなかった。当時としては最先端の遊びや

新鮮な料理を出し、心からのもてなしをした。この時代、長く続いた旅館とはいえ、せいぜい三代目程度。老舗と呼べる旅館は少なく増える客を確保するために、金谷上人が帰るのを忘れるほどサービスに努めたようだ。

湯治指南

江戸時代の湯治方法は、非常に難しかった。宝暦十三年（一七六三）の『但州湯嶋道中独案内』には、湯治の「四禁」として「一、欲湯すまじきこと　一、中の湯に入まじきこと　一、色欲慎むべきこと　一、保養破るまじきこと」を挙げ注意を呼びかけている。

欲湯とは、湯に弱い人で一日二、三回、強い人で四、五回と決められているのにそれ以上欲ばって入浴することで、入り過ぎると逆効果になると説いている。また「中の湯」は、宝永二年（一七〇五）の『湯島記』によると「最も佳《よ》し」となっていたのに、六十年後には「毒湯」の汚名を着せられてしまった。「中の湯」は〝日本一〟の「新

江戸時代の温泉番付表。「西の方」では有馬が巻き返して大関に、城崎はこれに次ぐ関脇だった。当時の番付に横綱はなかった

湯」の隣にあり、同質の湯が湧いていたはずだった。しかしある日、頭にひどいできものができた子供が「中の湯」に入り、一時は治ったが、突然全身が紫色になって死んでしまったため、それ以来「毒湯」となったという。

欲湯も「中の湯」も良くないが、最も禁じられたのは「色欲」だった。当時の外湯は男女混浴が中心。「新湯」だけは、午後十時まで男女別だったものの、深夜は混浴だったから「目をしのんで色にくるひたのしむ人あり……もってのほかのあやまり、不埒《ふらち》の至、言語道断也。かやうに不心得なる人は……血を吐きて死す」と厳しく戒めている。

こうした湯治方法を集大成したのが、文化三年（一八〇六）の『但馬城崎湯治指南車』だった。「但馬に限らず何《いずれの》国の温泉へ湯治するとも此書を熟読して其《その》法式を守り入湯せば誤治の憂もなく、効能もはやくあらわれる」という。『指南車』は、ゆったりした気分で湯治しなければならないから、同行の者の人選についても「心の染ぬ人は同道すべからず……養生の害となる」と説き、各外湯別の効能や宿での生活、食べ物、湯の使い方に至るまで、こと細かに指示している。

湯治から観光へと時代は変わり、今日では一カ月以上も城崎温泉に

文久３年（1863）と刻まれた大師山頂の碑

滞在する人は、まれだ。また、湯そのものも江戸時代と異なっていると考えられる。現在、城崎ではボーリングで開発した複数の泉源から湯をタンクに集め、パイプで外湯と旅館に配湯している。この集中管理方式は、「内湯紛争」という深刻な町内対立を経て、第二次大戦後に実現した（192ページ参照）。泉源保護と宿への公平な給湯を実現した画期的なシステムとして、近代的な城崎温泉の基礎を築いた。一方で、昔からの外湯の個性は失われたという指摘もある。

江戸時代、外湯の泉質に合わせて『指南車』などが細かく湯治客に注意を与えたのには、それなりの理由があった。

半夜水明楼

十一代将軍徳川家斉の治世は、町人文化が花開いた文化・文政時代（一八〇四―二九）。半世紀後には、二百年以上も続いた徳川幕府が倒れ、欧米列強に迫られて明治新政府が誕生する。そんなわが国始まって以来の激動が襲うとは知らず、湯島にも平和な時が流れていた。し

半夜水明桜跡。江戸時代の中後期に栄えた、かつての名勝

かし、すでにアメリカ、イギリス、フランス、ロシアの軍艦は近海に出没し、幕府の命を受けた地理学者・伊能忠敬は文化三年（一八〇六）、第一回山陰測量の途中湯島を訪れた。

この年、増える湯島への湯治客のため『但州湯嶋道中独案内』の改訂版が大阪の版元から出版され、翌文化四年六月には幕府の儒官・柴野栗山が来湯した。栗山は同年十二月、七十二歳で亡くなった。円山川右岸の名勝・玄武洞の命名者でもある栗山は、寛政の三博士の一人に名を連ねる大学者。全国各地に足跡を残した。城崎駅から山陰本線沿いに約三百メートル南、城崎町今津にあった料理茶屋に立ち寄り、円山川と山々の美しさをたたえて、中国唐代の詩人・杜甫の詩から「半夜水明楼」と名付けた。

もとは「臨川亭」といったその茶屋は、栗山以来城崎の名所となり、湯治の文人墨客は競うようにして水明楼を訪れ、漢詩や歌を残した。『薬選』の香川修庵（徳）は、宝暦五年（一七五五）に「今津茶屋」という詩を詠んでいるから、水明楼と命名される五十年以上前から「臨川亭」はあったと考えてもよさそうだ。

天保四年（一八三三）には、出石藩士関口清介が、栗山の句を玄武

大正中期とされる水明桜跡。城崎では戦後も「三本松」と呼ばれた

岩に刻んで水明楼わきにあった松の下に建て、嘉永六年（一八五三）には、漢学者村瀬藤城（一七九二―一八五三）の詩碑も建てられるほど、にぎわうようになった。

ところが明治十六年（一八八三）の三宅竹隠『臥《が》遊集』には、荒れた野店になり「老媼《ろうおう》の苦茶を供するに過ぎず」、さらに同三十五年に内藤湖南が訪れたときはただ「荒れたる野店あり……半夜水明楼の名残」だけになってしまった。この野店も明治四十二年（一九〇九）の鉄道敷設工事で取り払われた。戦後も老松と石碑は現地に残っていたが、昭和三十八年（一九六三）五月の道路拡幅工事でその松は切り倒された。石碑は今、東山公園の登り道に忘れられたように置かれている。昭和二十九年（一九五四）の内海定治郎『城崎温泉案内』は古老の話として、水明楼は「間口五間（九メートル）、奥口三間（五・四メートル）の二階建」だったという。

栗山が「半夜水明楼」と名付けた家は、城崎のほか佐渡と江戸の二カ所にあるが、栗山命名から二百年、城崎だけにその記憶がかすかに残る。

江戸時代の「一の湯」

幸いなる湯島

「たじまの国のきのさきこほり（郡）なる湯のしまのいで湯は、いかなるやまい（病）をといへども、しばらくのあいだゆあみすれば、其しるしなきはあらず……難波のさと（大阪）は原《もと》より、遠近の国々より、たふと（尊）き人、いやしき人、老たるも若もうちへつれつつ、春にも秋にも……人の多かるはゆしまの里のさいはい（幸）ともいふべし」

江戸末期の天保十五年（一八四四）に出版された『但州湯嶋之道草』は、幕末も近い湯島の繁栄ぶりをこのように書いている。『道草』は「この書は世に行はるる道の記とかいへるもの」とは異なり、「夢の翁」という人物を主人公に、行楽ともいえる湯治生活が紹介されている。

当時の町のたたずまいは、四所神社から大谿川下流の下の町に井筒屋、大津屋、油屋、板屋、湯桶屋（湯筒屋の誤りか）、丹後屋、恵比須屋、宮前、宮下などの「好客舎十軒余あり。其外近ごろ新に造営したる客舎数多くありといへども小さき家なり」という様子で、新しい旅

倒木から育つ若い芽（温泉寺参道）

館も生まれていた。また上の町には三木屋、大津屋、柳屋などがあり、半分は商家で「中にも此地の名産・麦稈《ばっかん》（麦わら）細工をする者多し」という。すでに専業の物産店もあったようだ。

江戸時代を通じて、城崎は西日本屈指の湯治場にまで成長した。時代は戻るが、享和元年（一八〇一）、名古屋から長崎へ旅行した吉田重房の日記『筑紫紀行』によると、福岡県久留米市のような城下町でも、板葺き屋根に石を置いただけの家が並び、宿はひどかったという。博多でも同じような状態だった。重房は、帰路姫路から生野峠越えで但馬入りし、城崎に来ているが、途中の竹田、和田山、養父、納屋、豊岡などの宿はかなりのもので、湯治客の増加によって整備されたらしい。

城崎で重房は、座敷だけでも三十もある井筒屋六郎兵衛に投宿した。大酒女色の遊びはないが、京都、大阪への駕籠や荷物を運ぶ人足もおり、大変便利だった――と書いている。

城崎は江戸時代の社会で全国的にも、湯治場として成熟を極めていた。

城崎物語

明治・大正――栄華と廃墟

扉題字／映画監督・大島渚

但馬海岸

維新の風

維新の風は、湯島にも急速に流れ込んできた。

日本に開国を求めるイギリスやロシアの船が相次いで近海に出没する中、天保十四年（一八四三）三月、久美浜代官・岡崎兼三郎の一行が、海岸見分のため湯島を経て但馬海岸を巡視した。安政五年（一八五八）十二月には、幕府の外国奉行一行百二十二人が軍艦で北海道巡視の途中、津居山に上陸して湯島に宿泊した。各地から訪れる湯治客は、多くの生々しい情報をこの地にもたらしただろう。

文化十二年（一八一五）、出石郡香住村（豊岡市）に勤皇の志士としてだけではなく、幼少期の明治天皇の教育者としても知られている田中河内介《かわちのすけ》が生まれた。また文久三年（一八六三）十月、尊攘《そんじょう》派が討幕を目的として朝来郡の生野代官所を占拠した事件（生野義挙）が起こったが、その原動力となる農兵組織は南但馬で準備されつつあった。

「但馬聖人」とも称される池田草庵が弘化四年（一八四七）養父郡宿南村（養父市）に開いた私塾「青谿書院」には、湯島からの入門者

生野町口銀谷に立つ生野義挙の碑

も多く、草庵も安政五年（一八五八）九月、湯島滞在中の師・相馬九方を訪ねて「油筒屋」に泊まったこともあった。草庵自身は、生野義挙を静観する立場をとったが、門下生からは北垣晋太郎や原六郎など義挙の中心人物が出た。湯島からの入門者の守口初二郎、斎藤哲之助、武谷元吉、鯰江《なまずえ》民吉らが北垣らの影響を受け、尊攘派に回っていたとしても不思議はない。

もともと農兵は、海岸防備や領内の反乱に対処するため豪農層（大地主）が組織しようとしたものだったが、尊攘派の元薩摩藩士・美玉三平らが加わってから、討幕計画に組み込まれたのだった。義挙の年の春、三平は湯島の旅館「田井屋」主人で但馬の尊攘運動の中心人物の一人鯰江伝左衛門を訪問。鯰江は三平に北垣晋太郎らを紹介した。但馬で農兵の組織を進めていた北垣らと中央の尊攘派・三平との連絡は、こうして実現した。

八月に再び湯島入りした三平は、鯰江ほか、庄屋の武谷回助、医師の黒崎らと会合、また九月、西国の尊攘派の結集に活躍した平野国臣も、歌人浦島五助と称して湯島の「三木屋」に潜伏した。義挙まで残すは一カ月余り。湯島は最初の策源地となっていた。

玄武洞

生野義挙

文久三年（一八六三）十月の生野義挙は、同年八月、討幕尊攘過激派であった天誅組《てんちゅうぐみ》が、大和（奈良県）で挙兵したのに呼応して、但馬でも討幕ののろしをあげよう――と、福岡の平野国臣や薩摩の美玉三平らの志士と但馬の庄屋クラスの豪農層が起こした反乱だった。

十月十二日、義挙の指導者らは生野代官所を占拠、約三千人の農民を集め武装させた。知らせを受けた出石、姫路、豊岡など近隣の諸藩では鎮圧の兵を生野へ差し向けた。慎重派と強硬派が入り乱れていた義挙指導部は十三日夜、戦っても勝ち目はないとあっさりと解散を決定、各地へ姿をくらました。翌十四日になってこれを知った農民らは激怒、生野にまだ残っていた一部の指導者を惨殺した。

平野は十五日、養父郡網場村（養父市八鹿町）で出石藩の兵と出会い「湯島へ入湯の者だ」と言ったが、素性がばれて牢《ろう》へ。翌年京都で殺された。三平は十月十四日、播州で農民の手にかかって死んだ。

義挙の兵器調達をしたり、志士に宿を提供するなど重要な役割を果

鯰江伝左衛門の墓石。明治になってその功績をたたえ、従五位を贈られた（城崎町湯島、磯ヶ谷）

たした湯島の「田井屋」鯰江伝左衛門は、お尋ね者となり湯島から逃亡、王政復古の前年の慶応二年（一八六六）、客死した。伝左衛門の長男直寛は、自由民権運動に身を投じ、明治十二年（一八七九）三十歳の若さで第一回兵庫県会議員に当選。二男豊彦は「板屋」三宅清右衛門の養子となり、明治二十九年から一期四年、城崎町長を務めた。伝左衛門の墓は、湯島南方の山のふもと、磯ヶ谷の墓地にある。戒名は釋氏謚南嶺玄寿。

逆に義挙の後、湯島で捕らえられ殺された者もいた。出石藩士でありながら、義挙に加わった多田弥太郎である。弥太郎は『但泉紀行』という書物で城崎温泉を論じた京都の医師・新宮涼庭の塾で学んだこともあり、但馬で最初に大砲を試射するなど、先取の士だった。義挙の指導部では慎重論を唱えていた弥太郎は、敗れた後、大阪や京都を転々。義挙翌年の元治元年（一八六四）二月、京都から因幡（鳥取県）へ行く途中湯島に滞在したが、出石藩がこれを察知し捕らえられた。護送の途中、八鹿町と出石町の境の浅間峠で斬られた。「いまにわかる」が絶句だったという。

弥太郎が殺された年の秋、幕府の目を逃れ京都から一人の男が出石の渡世人に付き添われ湯島へ向かっていた。桂小五郎、後の木戸孝允《たかよし》である。

桂小五郎

幕末維新の時代、京都にも近く各地から多くの湯治客が訪れる城崎温泉は、討幕の志士らにとって絶好の隠れ場所だったのだろう。農村とは違って、地の人が見知らぬ者を見ても、特に不審に思わない土地柄である。当時湯島には、約六十軒の宿があった。

元治元年（一八六四）は生野義挙の翌年、明治まであと四年である。京都は、朝廷と結ぶことにより、崩壊しつつあった幕府を立て直そうとしていた公武合体派と、過激な佐幕集団・新撰組、そして長州などの尊攘派が入り乱れ、騒然とした空気が漂っていた。六月、新撰組による尊攘派志士襲撃事件「寺田屋騒動」が発生、七月には長州藩と会津・薩摩両藩の兵が衝突する蛤御門《はまぐりごもん》の変（禁門の変）へと事態は発展した。

桂小五郎と幾松（「推新史蹟　但馬出石に隠れたる木戸松菊公遺芳集」より。松菊は孝允の号）

長州藩の京都代表は三十三歳の桂小五郎（後の木戸孝允）。変で敗れた長州藩士らは、戦火で燃える京の市中を逃げ回っていた。幕軍に見つかれば、斬られるだけ。桂は、京から逃げるのではなく敵の裏をかき乞食《こじき》に変装、三条大橋の下などに隠れた。しかし、目を血走らせた新撰組がうろつく京都は危険なため、出石の渡世人・広戸甚助の助けで但馬へ落ちのびた。

桂は出石の昌念寺に潜んでいたが、京都から派遣された追手が来た、という情報が入ったため同年九月上旬、湯島の旅館「松本屋」（今の「つたや」）に移った。「松本屋」は広戸甚助の弟直蔵が出入りしていた宿だった。大胆にも向かいには、久美浜代官の陣屋（今の「西村屋」）があった。

このころ、幕府は第一次長州征伐の出陣を命じ、十一月、長州藩は幕府に屈した。しかし高杉晋作が十二月、長州の下関で挙兵、藩を討幕の拠点に奪い返した。出石や湯島、養父市場を転々と逃げ回っていた桂は、六歳年下の高杉の壮挙を、どんな思いで耳にしていただろう。出石で荒物屋に姿を変えながらも、歯ぎしりする日々だったに違いない。

翌慶応元年（一八六五）三月、京都で離れたままになっていた桂の恋人幾松（後に夫人）が、桂をかくまっていた出石の広戸家を訪れ八カ月ぶりに再会。二人で「松本屋」にいったん戻った後、四月上旬連れ添って桂を待つ長州へ旅立った。

桂が「松本屋」で隠れていた当時の部屋は、大正十四年（一九二五）の北但大震災で焼けたが、「つたや」の鳥谷武一（昭和六十一年、八十七歳で死去）によると、板戸に桂の落書きや句が墨書きされていたという。

朝霧の　晴れ間はさらに　富士の山

生きてこそ

作家・司馬遼太郎は『逃げの小五郎』という小説の最後に「おびただしい数の志士が、山野に命をすてた。が、桂は生き残った。新政府から、元勲とよばれる処遇をうけた。皮肉ではない。元勲とは、生きた、という意味なのであろう」と書いている。

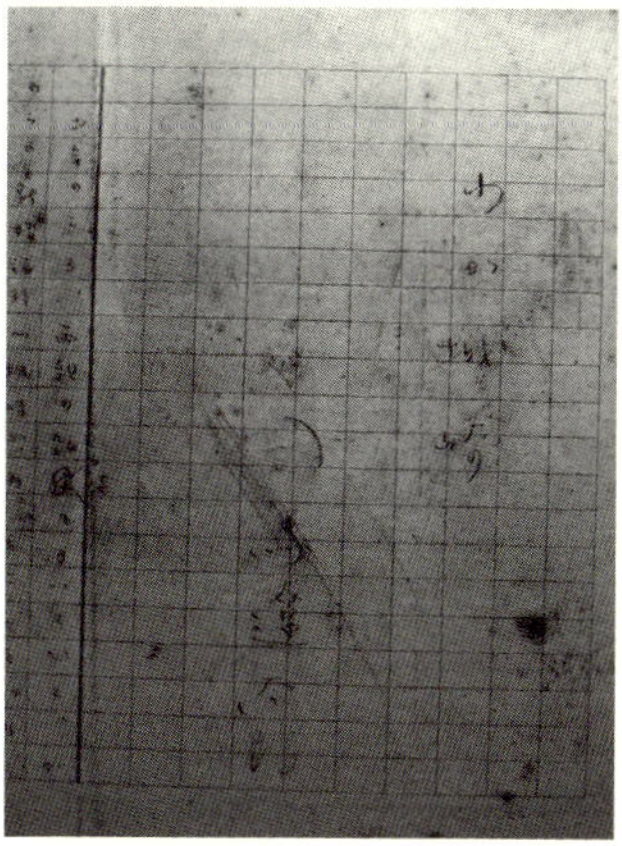

昭和41年（1966）、司馬遼太郎が書いた自筆原稿「わが城崎」（「つたや」所蔵）

長州の高杉晋作は、維新の前年の慶応三年（一八六七）、二十八歳の若さで病死。土佐の坂本竜馬は同年、三十二歳で暗殺された。

生野義挙でも、「生きた」という意味の重さは変わらない。湯島の旅館「田井屋」の鯰江伝左衛門は、養父郡の北垣国道（晋太郎）らと薩摩の美玉三平を結びつけるなどの活躍をしたが、義挙失敗後、湯島から逃げて慶応二年、無念の客死。三平は逃げる途中播磨で農民に捕まり殺された。

北垣国道（晋太郎）は長州に逃げのび、維新後、官吏となって京都府知事に就任。京都の疏水事業を完成させ、貴族院議員、枢密顧問官を歴任後、大正五年（一九一六）、八十歳で没した。また、義挙の指導者の一人、朝来郡の原六郎（進藤俊三郎）も生き残り、銀行家、事業家として実業界に君臨、昭和八年（一九三三）、九十一歳の高齢で他界。

湯島では、鯰江のほか医師の朝倉心斎も義挙に連座し、閉門の処分を受けた。心斎は嘉永元年（一八四八）、湯島で寺子屋を開いた人物。養父郡八鹿村（養父市）で回漕業・酒造業を手広く営み、一族挙げて義挙の支援をした西村五兵衛の五男だった。

長州へ帰った桂小五郎は、木戸孝允と改め、明治新政府の中枢に参

広戸正蔵が昭和8年に建てた
「つたや」前の木戸孝允の記念碑

画。版籍奉還、廃藩置県など最重要政策を提唱した。明治十年（一八七七）、四十四歳で病死。桂を但馬でかくまった出石の広戸甚助、直蔵兄弟は、維新後も桂と親交を結び、直蔵の息子正蔵は、出石を中心に桂の顕彰活動を続けた。城崎温泉の「つたや」前にある「維新史蹟・木戸松菊公遺蹟　松本屋屋敷跡」と彫られた石碑は、昭和八年五月正蔵が建てた。字は、桂が学んだ長州萩の松下村塾跡がある松陰神社宮司の筆で、正蔵がわざわざ萩に出向き、書いてもらったという。また正蔵は昭和七年『維新史蹟、但馬出石に隠れたる木戸松菊公遺芳集』と題する豪華本を出版。無償であちこちに配り歩き、「木戸松菊記念館」の建設を夢見ていたが、昭和二十一年他界した。

石田手記

城崎は大正十四年（一九二五）の北但大震災で、温泉寺や極楽寺などを除いて、ほぼ全町が灰になった。古い旅館などに残されていた古文書や書画なども、ほとんどが同じ運命をたどった。慶応から明治へ

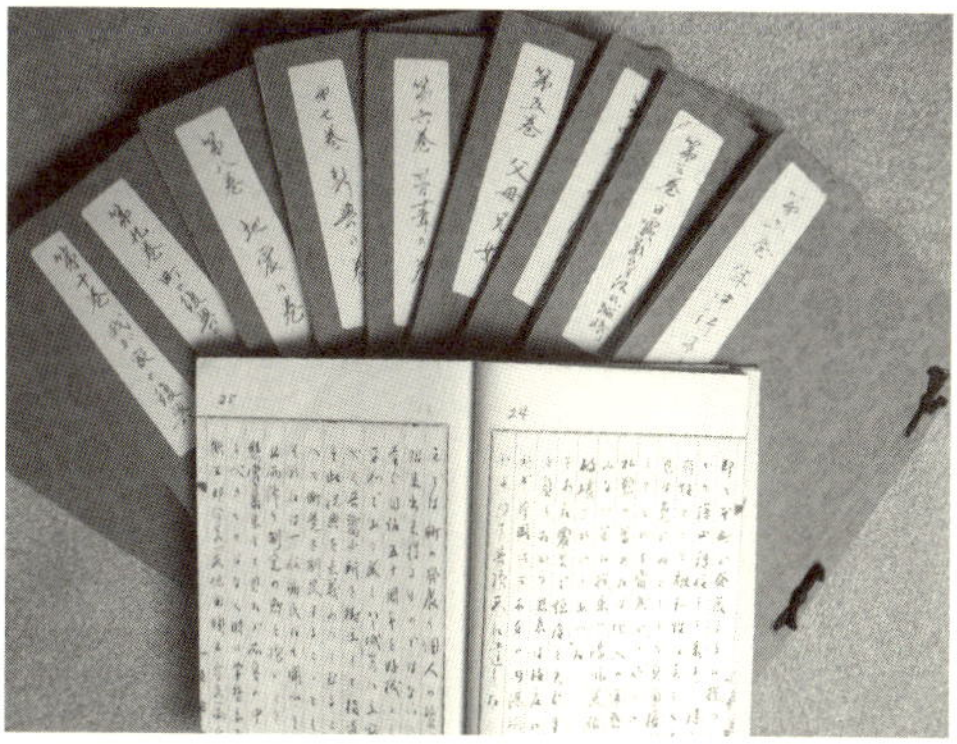

全11巻からなる「石田手記」（「まんだらや」提供）

と年号が変わり、江戸が東京と改められたころの城崎の様子は、断片的な記録や言い伝えしか残っていない。ただ、昭和十一年（一九三六）から同十八年まで町長の職にあった「まんだらや」の石田松太郎（一八九一―一九五八）は、町長在任中から戦後間もない時期にかけて、膨大な手記を残し、明治や大正の出来事、年中行事などを記録した。一個人の記録やメモを町の正史として扱うことはできないが、近代の城崎を知るうえで『石田手記』は極めて重要な価値を持っている。

王政復古の大号令が慶応三年（一八六七）に発せられたものの、丹後、丹波、但馬で新政府支持を表明した藩は少数だった。新政府は不安定な山陰方面の諸藩を朝廷に帰順させるため、慶応四年一月、山陰鎮撫《ちんぶ》総督を派遣した。総督は、公家社会の因習に反発し新政府の参与となった西園寺公望。このとき西園寺は、まだ二十歳前だった。薩長両藩を主力とした約千人の鎮撫軍は、一月五日京都を出発、十九日までに、湯島を含む三丹の幕府領は新政府の手に帰した。こうして三月までに山陰道を回り、使命を果たしたが、西園寺は生野義挙に連座し、閉門の処分を受けていた湯島の医師朝倉心斎ら十九人に「国侍《くにざむらい》」という称号を与え、功績をたたえた。

石田　松太郎

『石田手記』によると、湯島からも鎮撫軍にはせ参じた者がいたという。「大和屋」の結城勘右衛門で、鎮撫軍の武士の一隊が城崎温泉に宿泊した際、勘右衛門の秀でた容姿を見て西園寺公のお供になるよう勧めた。勘右衛門は喜び勇み、髪と服を整えて鉢巻きを締め、早駕籠に乗って鳥取へと向かう軍を追った。村岡（美方郡）で一行に追い着き、一緒に山陰諸藩を回ったという。

勘右衛門は、武士として扱ってもらい得意満面だったが、鎮撫が終わると取り合ってもらえなかったため、残念がっていたという。これは松太郎が老人から聴いた話として『手記』に記している。

文明開化

明治元年（一八六八）四月、湯島は幕府の天領から新政府によって、久美浜県の行政区画に入った。同四年の府県統廃合により、但馬、丹後、丹波は豊岡県となり、翌五年六月の区制実施で、湯島村、桃島村、今津村、来日村、上山村、瀬戸村、津居山村などを合わせ「豊岡県第

明治17年ごろの町並み（「西村屋」資料）

一大区第五小区」となった。兵庫県が誕生したのは同九年九月。湯島は「但馬国第一大区第五小区」に含まれた。

新政府が営業を許可した「官許旅館」は六十三軒、また戸数はざっと三百世帯だったという。維新から二十三年前の弘化二年（一八四五）、京都の医師・新宮凉庭が書いた『但泉紀行』には家は三百余軒、旅館五十軒となっているから明治前期の湯島の規模は江戸時代後半と大きな変化がなかったようだ。

しかし、文明開化の波は着実に及んで来た。まず明治五年三月一日、湯島郵便局が設置された。明治三十六年（一九〇三）の地図には、郵便電信局として今の「大和屋」の西あたりに書いてあるが、最初どこにあったかは不明。郵便局が業務を始めたのは同七月一日から。切手を貼れば全国に届く、という基本的な制度は同じだが、自動車も鉄道もないころ。江戸時代の飛脚さながら脚夫という者が足で運んでいた。しかも湯島—豊岡間は、四と九の日に出ていただけだった。

『石田手記』によると、郵便局が電信業務を始めたのは、明治六年からという。しかしいくらなんでもこれは早すぎる。本によっては明治十四年説、同二十五年説などまちまちである。だが『手記』はおも

明治中期の「一の湯」付近（城崎町温泉課資料）

しろい話を伝えている。「電報は針金を伝って走ると噂されて、空を仰いで見る者があったと言うことは嘘のような事実の話である」。

西園寺公望の山陰鎮撫により「国侍」となった湯島の医師・朝倉心斎の寺子屋は明治四年廃止になった。湯島に小学校と呼べるものがスタートしたのは、翌五年。心斎の寺子屋の子どもなどを集め、本住寺内に「湯島校」として誕生した。小学校は民家や極楽寺を転々とした後、明治十七年（一八八四）になって今の地蔵湯の位置に新築された。

鯰江家の血

今はない「田井屋」は、湯島で屋号を持った旅館としては最も古い部類に属する。「田井屋」は代々、鯰江伝左衛門を襲名した。この名は早くも江戸時代の元禄年間（一六八八—一七〇四）に登場する。鯰江という名字は、琵琶湖を育む近江がルーツ。滋賀県愛知郡愛東町鯰江という地名と、鯰江城跡が現存する。鯰江氏は織田信長の近江平定に最後まで抵抗、天正元年（一五七三）に落城後、湯島に落ち延びた

明治時代の「御所湯」（町温泉課資料）

のではないだろうか。鮑江の末裔《まつえい》は、大阪などに今も名を残す。

一般の百姓に名字が許されていなかった時代に、鮑江家「田井屋」は力を蓄えていたようだ。生野義挙の後、伝左衛門は維新を見ることはできなかったが、嘉永四年（一八五一）生まれの長男・直寛はその激しい血を受け継ぎ、自由民権運動の闘士としてよみがえった。

但馬と丹後は、古代から社会的経済的に深いつながりがあった。温泉寺と久美浜の如意寺など、高野山真言宗グループの結びつきも強く、僧侶らの間に師弟関係や姻戚関係があった（『温泉寺誌』）。

江戸時代、京・大坂からは宮津の天橋立を見て城崎湯治に来る者も多かった。明治八年（一八七五）、旧宮津藩士小室信介、沢辺正修らによって三丹（但馬、丹後、丹波）の民権運動の拠点「天橋義塾」が設立された。このころ、鮑江家の娘が丹後の熊野郡に嫁いだ。なぜ直寛（襲名して伝左衛門）が、早くから但馬の自由民権運動のリーダーになったのかは不明だが、こうした丹後との姻戚関係も見逃せない。

伝左衛門（直寛）は、明治十二年、初の兵庫県会議員選挙に城崎郡から出馬して当選した。当時の被選挙権は、「地租を十円以上納める二十五歳以上の男子」と定められていたから、鮑江家はかなりの地主

鯰江家の菩提寺・極楽寺

でもあった。
天橋義塾で但馬方面への勢力拡大を受け持っていた小室は、伝左衛門より一歳年下ではあったが、大阪で新聞記者をしたこともあり、雄弁、能筆の民権家として知られていた。伝左衛門は、湯島へたびたび訪れる小室らの片腕となっていた。弟・豊彦の養子先の「板屋」三宅家と協力して湯島で「猶興社」という結社を組織するなど、自由民権運動の足跡を残した。

極楽寺によると伝左衛門の夫人は茶の湯にたけ、但馬の裏千家の草分け的存在だった。昭和十二年（一九三七）、東京で没した。戦後しばらくは、三月六日になると茶の弟子たちが「きょうは鯰江先生の命日ですから」と菩提寺の極楽寺へお参りに来ていた。伝左衛門と夫人の間には宏茂という息子がいたが、伝左衛門は襲名せず昭和十九年東京で他界、七十五歳だった。宏茂には一人娘かづゑがいた。晩年は神戸市垂水区の特別養護老人ホーム「長寿の家」で過ごし、昭和六十年五月、九十二歳で亡くなった。教養と気品を備えた人だったという。遺体は献体された。

温泉寺開山、道智上人ゆかりの独鈷水（極楽寺）

自由の潮流

国会開設、憲法制定などの要求をかかげた自由民権運動は、板垣退助らの愛国社が明治十三年（一八八〇）、国会期成同盟に発展して全国的な盛り上がりを見せた。明治新政府は翌十四年、十年後に国会開設と憲法発布を約束せざるを得なくなり、自由党や立憲改進党が結成された。

京都府宮津の民権結社「天橋義塾」は同年、近畿自由党に合流、さらに翌十五年、大阪の自由党別働部隊・立憲政党に吸収された。立憲政党は機関紙「日本立憲政党新聞」を発行、関西で六百四十一人の党員を擁し、同十六年、自由党に合流した。

「日本立憲政党新聞」によると、天橋義塾の小室信介らは盛んに但馬遊説を行い、党勢拡張に努めたが、但馬の核は湯島の「田井屋」鯰江伝左衛門だった。小室らの湯島入りは同じ十三年九月、十四年三月、四月、十一月、十五年二月などとなっている。

最初の十三年九月時点では小室は二、三人の有志に会い、国会開設

城崎の自由民権論者が集い演説会を開いたという「板屋」。
当時の建物はないが今は物産店となっている

期成同盟への団結を呼びかけたが、十四年三月になると「有志数十人」と「自由党懇親会」を開き「猶興社」という結社を組織した。中心は「板屋」の三宅徳介、「うおや」の杉本和助、そして鯰江だった。十四年四月になると、小室は立憲政党総理で後に初代衆議院議長になった中島信行を連れて三丹を遊説、湯島では「板屋」で「猶興社」の五十人と一般参加者百人の合計百五十人を集め演説会を開いた。

当時、但馬の立憲政党の正党員は三十人。うち二十七人が湯島村の者だったという。同十五年九月の「日本立憲政党新聞」には、党員名簿が載っており、湯島の者は二十二人含まれている。鯰江（田井屋）・斎藤惣三郎（いせや）・杉本和助（うおや）・三宅清右衛門（板屋）・青山七右衛門（大津屋）・荘村武兵衛（旧小林屋）・安田貞三（橋本屋）・久保田助左衛門（みなとや）・武内縫之助（今の武内薬局か）など。

いずれも明治初期の湯島の有力者ばかりではあるが、後に〝御三家〟と呼ばれる「油筒屋」「三木屋」「西村屋」のほか「まんだらや」などが登場していないことに気づく。また、党員は四所神社から大谿川下流の「下部」に集中している。当時の湯島内の政治的対立が反映しているのだろうか。それにしても、初代の湯島村長となった荘村武兵衛のほか、鯖江、斎藤、杉本、青山ら、老舗旅館を営みながらも民権運動にかかわった人物とその家の多くが、絶えたり湯島を去ったのはなぜだろう——。

争いの芽

古来から栄えた温泉はほとんどが外湯を持っていた。有馬、白浜と並び日本三古湯の一つに数えられる愛媛県松山市の道後温泉も外湯を中心に栄えた町だった。城崎でも七つの外湯は、木造三階建ての和風旅館と並び、日本を代表する温泉にふさわしい湯の町情緒を演出している。城崎や道後が内湯に踏み切ったのは、いずれも戦後で、後述する昭和の初めから四半世紀続いた城崎の内湯紛争のように、道後も激しい争いを経てのことだった。

昭和の内湯紛争に先立ち、内湯をめぐる事件は、たびたび城崎で持ち上がっていた。最初は明治初年の「陣屋の湯壷事件」だった。幕府が倒れたため「御所湯」の隣にあった久美浜代官の陣屋は不要となり、

「ゆとうや」の私有泉源。大正14年の北但大震災まで、泉源は「ゆとうや」の屋敷内に含まれており、井上馨が入った内湯もこの近くにあった（写真は1982年当時）

跡地と屋敷を「西村屋」が買収した。ところが、陣屋には「殿の湯」という代官専用の湯壺が二つあり、泉源も付いていた。湯島村の宿屋や村人は、「西村屋」が内湯を始めるのではないかと心配し、泉源と浴場の明け渡しを求めたところ、「西村屋」は無償で村に提供し、村では「御所湯」の増設に利用したという。

美談のようにも聞こえなくはないが、後世に「事件」として記録されているかぎり、湯島が不穏な空気に包まれたと考えられる。「陣屋事件」に続き、明治十四、五年の内湯事件は初めての本格的な争いとなった。

『石田手記』などによると、明治十四年（一八八一）、時の外務卿（大臣）井上馨と兵庫県令（知事）森岡昌純、続いて当時政府の実質的な中枢機関であった内務省の山県有朋が来湯し、井上は「油筒屋」に、森岡は「三木屋」、山県は「大津屋」に泊まったことが発端となった。江戸時代なら、外湯を布で仕切って入浴する「幕湯」を用いたのだろうが、井上や山県といえば維新の志士から政府の最高指導者になった人物。湯島中が大騒ぎになったはず。

そこで三軒の旅館とも貧弱ではあったが、近くの泉源から温泉を引

大谿川の水鳥

いて内湯を設け、歓待した。

「大津屋」は山県が帰った後、内湯を壊したが、「油筒屋」と「三木屋」はその後も一般の客を入浴させたから、村中が騒然となった。「田井屋」の鯰江伝左衛門だった。彼は大部分の旅館を結束させ、①二軒の客を外湯に入れない②宿屋の共同案内所で二軒の客は取り扱わない③二軒に出入りするあらゆる業者は内湯反対派の旅館に入れない④二軒に好意を寄せる者はことごとく排撃する――という作戦を立て、極楽寺、四所神社、本住寺を拠点に毎日炊き出しまでして戦ったという。

争いは翌十五年まで及び、当時の豊岡町長や城崎郡長、鯰江の実弟で「板屋」へ養子に入った三宅豊彦・湯島外十五ヶ村戸長が調停、ついに内湯反対派が勝った。戦前に記録された古老の話によると、罰として川掃除や「一の湯」の桶の修理をさせたと伝えられている。

興味深いのは、鯰江を中心とする内湯反対派と自由民権運動の活動家が重なっていると考えられることだ。全国的な民権の潮流が湯島に流れ込み、村内の有力者の横暴に対して抵抗する思想が育ったのか、それとも逆に村内の利害関係である内湯事件を争う際、鯰江らが〃錦の御旗〟に民権運動を利用したのか、いずれにしろ明治初期の地方政治を考えるうえで、内湯事件――自由民権運動のからみは重要な材料となろう。

上部と下部

いまの城崎は、四所神社から大谿川上流を「上部」、神社から「一の湯」までを「中部」、「一の湯」から同川下流を「下部」として、三つに分けられている（巻末図参照）。しかし江戸時代まで「一の湯」から下（東部）は沼地で、家も少なく、神社を中心に上部と下部に分かれていたと思われる。四所神社の秋祭りで、上のだんじりに対し、中と下がまとまって下のだんじりを担ぐのも、そのためだろう。祭りは、神社の御輿《みこし》をめぐり、上と下のだんじりがせり合うという筋書きで展開する。以前は祭りになると、例えば上から下へ嫁いだ嫁は、上の実家へ帰されるほど、上と下の意識は強く、いまでも城崎の女性は、嫁ぎ先よりも実家のある方のだんじりを応援する。

明治17年に完成した湯島小学校（中央の建物）（「城崎町年表史」より）

明治時代の上と下の対立はすさまじく、同十七年いまの「地蔵湯」の位置に湯島小学校が新築されたが、位置をめぐって上と下は大げんかを演じた。明治五年、本住寺を借りて始まった同校は、増える児童に建物が追いつかず、民家や寺を転々とし四所神社の籠《こもり》堂に収まっていた。『城崎小学校沿革誌』をもとにした『城崎小学校百年史』などによると、籠堂も窮屈になり同十六年五月の定期試験を、一部の児童は民家の奥間で受験するありさま。

湯島村当局は、村外れだった「地蔵湯」の位置の田地を埋め立て校舎を移転新築させることにした。工事は同十七年一月完成、同二月に移転した。ところが、上部は初めからこれに猛反対し、新校舎の基礎工事が始まった同十六年九月、上部の父母は子弟に登校拒否させて対抗した。しかも新校舎に移ってからは「曼荼羅湯」近くの「八幡屋」という旅館を、上部だけの学校とし、教養のある者が教師役を務めた。この対立は簡単に収まらず、学校では上部に「別教場」を設置、同十八年三月まで教員が出張して授業をした。

明治三十二年（一八九九）、法務局の出張所にあたる登記所が湯島に設置されたが、位置をめぐって再び上部と下部はぶつかった。『石田手記』によると「三木屋」の片岡平八郎が上部の先頭に立ち、小学校では敗れた上部が今回は勝ったという。

上部と下部、と言っても狭い温泉地、歩いてせいぜい十数分の距離。なぜ村を二分する争いが起こったのだろう。上部が泉源開発をすると、下部の外湯の湯量に影響した——という話もあり、そこには深刻な対立の根があったのかも知れない。

首長の流れ

明治前半、いまの城崎町に含まれる地域の行政区画は、めまぐるしく変えられた。現在、湯島、今津、桃島、来日など大字《おおあざ》で呼んでいる地域は、もとは江戸時代の村のこと。地形や自然環境、生産活動から生まれた基本的な生活圏だ。湯島村は明治九年（一八七六）「但馬国第一大区第五小区」に含まれた後、同十三年「湯島村外戸長役場」となった。この役場の範囲は、現城崎町に豊岡市の港地区の一部（小島、瀬戸、津居山の各村）を含んでいた。

「新選城崎八景」来日山暮雪

その後、名称変更などを経て明治十九年「湯島村外十五カ村戸長役場」となり、港地区の全村と現城崎町の範囲がまとめられた。役場庁舎は、いまの「地蔵湯」の所にあった湯島小学校内に置かれた。桃島、今津、湯島の各村が合併して〝新湯島村〟が誕生したのは、同二十二年四月、町村制の施行によってである。財政能力の強化と行政能率の向上を目指した政府によるこの町村合併で、全国に七万一千余りあった町村は、一万六千足らずに統合され、かつての村は大字となった。

新湯島村の初代村長は自由党の別動隊・立憲政党に名を連ねた荘村武兵衛。人口は二千四十一人だった。荘村は半年間村長を務めただけで、同年十月から青山大之進が引き継ぎ、同二十四年十二月から斎藤甚左衛門が村長となった。

明治二十八年（一八九五）三月、町制施行で湯島村は城崎町となった。泉源と外湯などの温泉資源は、町政と区別するため、同時に設立された「湯島財産区」の所有となった。その後、昭和三十年（一九五五）の町村合併で、円山川右岸を含む東隣の内川村と合併して新城崎町となり、二十一世紀を迎えた。平成十七年（二〇〇五）、城崎町は「平成の大合併」の波の中で、豊岡市などと合併する。

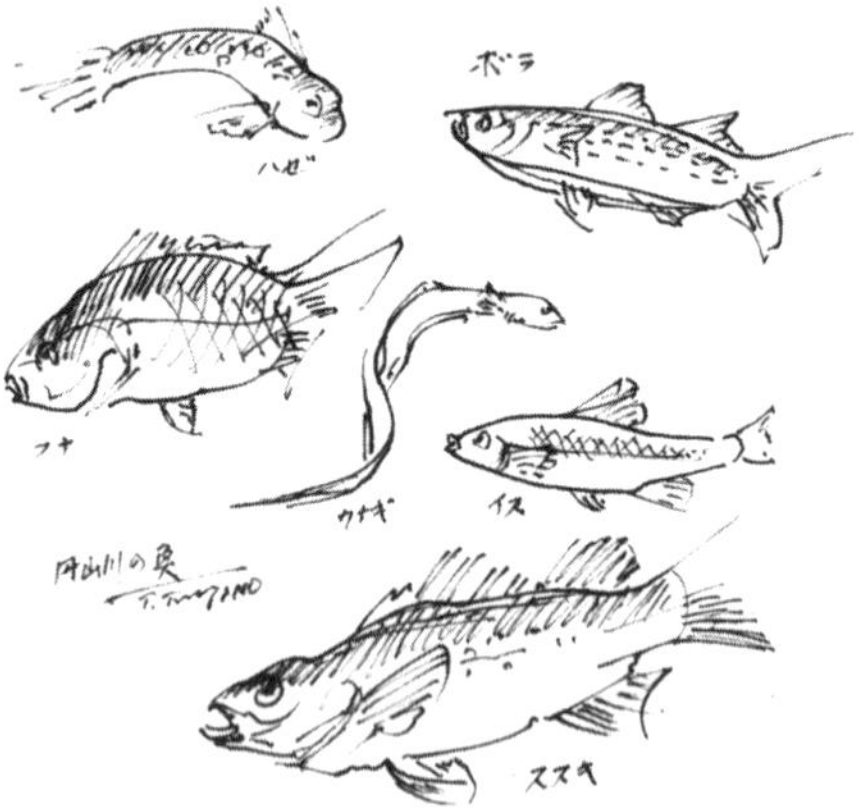

円山川の魚

旧城崎町の初代町長には村長の斎藤がそのまま就任し、二代目町長は生野義挙後に湯島を逃れた鯖江伝左衛門の二男で、三宅家の養子となった豊彦に引き継がれた。「三木屋」の片岡平八郎が三代目。四、五代目（明治三十六年まで）が「油筒屋《ゆとうや》」の西村六左衛門となる。

初代町長から平成十六年（二〇〇四）までの百九年間に、二十四人の町長が町政を担った。このうち、御三家とも三軒衆とも呼ばれる「油筒屋」「三木屋」「西村屋」の有力旅館は、十二人の町長を輩出した。その合計在任期間は、約七十年にも及ぶ。油筒屋当主は代々西村六左衛門、西村屋当主は西村佐兵衛を名乗り、たまたま同じ西村姓。近年の歴代町長をみると、十二代目の西村六左衛門が昭和二十三年（一九四八）から、三木屋の片岡真一が昭和三十七年（一九六二）からそれぞれ三期在職。続いて十三代目の西村六左衛門が昭和四十九年（一九七四）から三期、この後の昭和六十二年（一九八七）に就任した西村悌六は十三代・六左衛門の弟、平成十四年（二〇〇二）に就任した現在の西村肇は西村屋六代目当主。

「新選城崎八景」
東山秋月

城崎町歴代首長

代順	氏名	就任				退任			
①	荘村　武兵衛	明22年	4月	3日	－	22年	9月	30日	(村長)
②	青山　大之進	22	10	1	－	24	11	30	
③	斎藤甚左衛門	24	12	1	－	29	12	7	(町長)
④	三宅　豊彦	29	12	8	－	33	12	7	
⑤	片岡　平八郎	33	1	14	－	34	10	17	
⑥⑦	西村六左衛門	34	12	18	－	36	3	24	(11代目)
⑧	西村　佐兵衛	36	4	8	－	38	2	1	(3代目)
⑨～⑫	片岡　平八郎	38	3	3	－	大 6	7	22	
⑬	西村六左衛門	大 7	6	12	－	11	3	30	(11代目)
⑭	安田　貞吉	11	5	29	－	13	7	8	
⑮⑯	西村　佐兵衛	13	10	6	－	昭 3	6	15	(4代目)
⑰	片岡　郁三	昭 4	1	31	－	5	5	21	
⑱	松尾　寛二	5	10	31	－	6	12	13	
⑲	井上吉右衛門	7	3	15	－	7	12	14	
⑳	杉本　繁造	7	12	19	－	9	2	13	
㉑㉒	石田　松太郎	11	8	21	－	18	3	13	
㉓	久保田　順三	18	4	20	－	20	12	24	
㉔	西村　卓二	21	1	21	－	22	3	31	
㉕	三宅　驥七	22	4	8	－	23	7	18	
㉖～㉘	西村六左衛門	23	8	25	－	33	12	11	(12代目)
㉙	伊賀　市太郎	33	12	19	－	37	12	18	
㉚～㉜	片岡　真一	37	12	19	－	49	12	12	
㉝～㉟	西村六左衛門	49	12	13	－	62	10	20	(13代目)
㊱㊲	西村　悌六	62	11	8	－	平 7	11	7	
㊳㊴	藤原　秀雄	平 7	11	8	－	14	6	30	
㊵	西村　肇	14	7	28	－	現在			

明治期の地蔵湯
（「城崎町年表史」
から）

明治の手毬歌

明治四十二年（一九〇九）、山陰線が城崎まで開通する以前は江戸時代と大して変わらない湯治場風景が残っていたようだ。明治のころ歌われた数え歌「湯島手毬《てまり》歌」を紹介しよう。

一つとえ、人は但馬の諸方から、来るのは城崎湯の島に、入湯かいな
二つとえ、不思議なところはこの湯島、山の奥から湯が出るが、豊年じゃな
三つとえ、身すぎ世すぎは口よすぎ、高いものは沢山に、売れますわいな
四つとえ、夜が昼でも売り歩く、ぜんざい餅やうどんそば、あがらぬかいな
五つとえ、いつも大弓楊弓と、お客さん達おなぐさみ、なさらんかな

明治初期の「鴻の湯」。周辺は田んぼだった（町温泉課資料）

六つとえ、麦わら細工や柳さび、瀬戸縄細引湯の花を、散らそうかいな
七つとえ、なんでもござんすこの湯島、按摩灸師《あんまきゅうし》も沢山に、ござんすわいな
八つとえ、山家なれどもこの湯島、薬師のおかげで御城下の、真似《まね》するわいな
九つとえ、買うておくれやお客さん、おでんのでんがくを、あがらんかいな
十とえ、とうから病気の有る人は、湯島によんで湯に入らせ、なおそうかいな

これは大正初めに養父郡（養父市）の宿南小学校が出した『宿南村郷土誌』に載っているから、城崎だけでなく但馬一円で歌われていたのだろう。湯島は、農繁期を終えた但馬の人の湯治場だった。

明治十五年（一八八二）、城崎を訪れた民権家で教育者として知られていた西毅一は「入浴の処となす五カ所、口の湯といい、御所湯と名づけ、曼陀羅湯という……浴客常に、二、三百人なれど五、六、七、

明治30年ごろの鴻の湯（町温泉課資料）

八月の候は二、三千の多きに至る」（原文漢文）と書き残している。また、同志社大学の創立者・新島襄も同年来湯し「地蔵湯」のほか「一ノ湯、二ノ湯、新湯、三ノ湯、せま湯、上湯、カセ湯（これを合わせて一の湯とする）」とか、「幕湯」のことも日記に書いている。「湯島手毬歌」といい、西や新島の記述といい、江戸時代の湯島案内物と大差がない。

昭和四十四年（一九六九）、城崎町教育委員会が「古老に昔のことを聞く会」を開いた際、当時七十五歳だった「月本屋」の故・月本帍《とら》一は「明治中ごろまで十一月から三月までは、開店休業状態で、若い者は出かせぎに出て、残った者は麦わら細工や大根洗いをしていた」と言っていた。明治初期からたびたび男女混浴が禁止されたが、男湯と女湯がはっきり分かれたのは明治三十年代ともいう。

財産区と修進社

明治二十二年（一八八九）、湯島村、桃島村、今津村が合併して、

明治中期のまんだら湯（町温泉課資料）

〝新湯島町〟となった後、同二十八年の町制施行で「城崎町」が誕生した。旧湯島村は、古来から繁栄をもたらしてきた温泉を、湯島固有の財産として守り受け継ぐため「湯島財産区」を設立した。つまり、旧湯島村の行政は城崎町に移ったが、温泉の泉源、外湯の建物、旧湯島村民が入会権を持っていた山林などが財産区の所有、管理となった。区議会を設け、町長が執行に当たるという財産区の運営は、平成十七年（二〇〇五）の豊岡市などとの合併まで続く（242ページ参照）。

『石田手記』によると、江戸時代は宿屋の有力者が「湯方」と称して温泉を支配していたが、明治になってからは「湯方」を「修進社」と改称、「行事」と呼ばれた役員が温泉経営に当たったという。しかし『手記』には、石田松太郎本人が明治四十二年（一九〇九）に行事になったと記しているから、温泉の管理形態が財産区となってからも「修進社」は存続していたことになる。「修進社」は、旅館組合の前身としての役割を果たしていたようだ。

また城崎の古老や『石田手記』には、〝厄介丸〟という船のことが語り継がれている。明治三十二、三年ごろ、料理屋組合が円山川遊覧船「城崎丸」を新造した。三十人乗りの屋形船で、風雨で難航するた

明治中期の「御所湯」（町温泉課資料）

びに助け船を出さなければならず〝厄介丸〟と呼ばれ、大谿橋の下に放置されたままになっていたという。

「修進社」や料理組合のほか、当時の主な交通手段だった人力車の車夫組合、芸者を紹介する検番も、明治時代には出来ていたようだ。

いまは親睦団体となっているが、各外湯の「湯会」も発足は明治だろう。「湯会」は、各外湯周辺の旅館、物産店、飲食店などからなり、外湯を盛り立てるのがねらい。外湯しかなかった当時は、外湯を中心に旅館や店が寄り添うように連らなっており、外湯が悪ければ旅館にも客が寄りつかなくなる。それだけに「湯会」の役割は重要で、財産区の区会議員になるにも、「湯会」の推薦が必要だったという。

全国の古い温泉の中で、明治時代から立派な外湯を誇ることができるのは、城崎と愛媛県松山市の道後温泉ぐらいだった。日本三古湯の一つ道後は、「伊予の湯」として古来から栄えたが、昭和十九年（一九四四）道後湯之町は松山市に合併、道後財産区が設置された。同四十一年、経営難から財産区は崩壊し、温泉の権利は松山市へ移った。

劇場「温城館」

明治二十年代の日本は、大日本帝国憲法の公布（二十二年）、第一回衆議院議員総選挙、教育勅語発布（いずれも二十三年）、日清戦争（二十七、八年）など、強引ともいえる舵《かじ》を切って、近代の海に乗り出していた。城崎では江戸時代と変わらない湯治風景を残していた一方で、〝文明の力〟が次々に登場し、人々を驚かせた。

『城崎小学校百年史』によると、学校日誌には明治二十年（一八八七）、日和山（本住寺の裏山。城崎マリンワールド＝豊岡市＝がある日和山は、〝瀬戸の日和山〟と呼ばれていた）へ初めて遠足に出かけたことや、顕微鏡による微生物観察、日食観察の記事が見える。また同年六月、極楽寺での初の幻灯会が開かれ、景色や理科、天文などのスライドが上映された。蓄音機の初公開は、同二十八年七月だった。眺めのいい茶屋もあった日和山一帯は、明治二十四年、地元の有志がサクラやカエデを植えて整備、東山公園とした。これは、現代でも城崎唯一の都市公園となっている。

大正14年の北但大震災後、再建された「温城館」

しかし、城崎にはまだ大勢の人を一堂に集める施設がなく、湯島小学校か寺を借りてさまざまな会を催していた。『石田手記』によると、芝居の興行にしても、蓮成寺横の空き地に天幕を張るなど、かなり苦労して会場を確保していたらしい。そこで明治三十一年(一八九八)九月、城崎初の大衆劇場「温城館《おんき》」が誕生した。

温城館は、町内の有志の出資金に湯島財産区が当時の金で五百円を援助して、いまの城崎郵便局の位置に建てられた。正確な規模は不明だが、古老らの話を総合すると席は一、二階に分かれ、百五十―二百人が収容できた。大正十四年の北但大震災で焼失したが、温城館には花道と回り舞台があり、かなり立派な芝居小屋だったという。

『百年史』によると、開場間もない同十二月、児童のために活動写真(映画)が上映され、城崎郡竹野町や豊岡市港地区からも一日で七百人の児童が見学に来た。温城館は、城崎唯一の劇場として、町民や湯治客に娯楽を提供する「当時にあっては実に驚嘆的施設」(『石田手記』)だったが、大正十二年ごろ神戸の資産家らが「地蔵湯」裏に「城崎劇場」を建てたため、経営困難に陥り、たびたび持ち主が変わった。

北但大震災で惜しくも焼失したが、温城館だけはいち早く復興した。第二次大戦中は、軍需産業の疎開先になり、戦後間もなく再開、若き日の藤山寛美やかしまし娘らも舞台を踏んだという。昭和三十五年ごろまで、映画館兼用劇場として続いたが、テレビの普及などにより、経営不振となり八十年近い歴史を閉じた。

日露戦争

戦争と温泉のかかわりは、古代からあった。効果的な薬のない時代には、戦いで傷ついた兵を癒す場として温泉は大切にされた。平安初期、蝦夷《えぞ》征伐に行った征夷大将軍坂上田村麻呂《さかのうえのたむらまろ》（七五八―八一一）は、志戸平温泉（岩手県花巻市）で負傷者を湯治させたといい、また戦国時代、武田信玄（一五二一―七三）が山梨県甲府市周辺に設けた〝信玄の隠し湯〟は有名だ。

湯治や観光は、本来「平和産業」だが、明治三十七年（一九〇四）に始まった日露戦争で城崎は「姫路第十師団傷病兵転地療養所」の誘

明治末期の一の湯付近（「西村屋」資料）

致に成功、傷病兵だけでなく慰問の家族らでにぎわい、空前の活況を呈した。明治四十二年（一九〇九）に山陰線が城崎まで開通、客の大量輸送が初めて可能となったが、城崎が大勢の客を受け入れる近代的な観光温泉地の条件を備えたのも、日露戦争がきっかけになったといえよう。この戦争が大量の死者と傷病兵を出す、事実上わが国が初めて経験した総力戦となり、皮肉なことに、城崎にその後の繁栄の種をまいたのであった。

日露戦争前の城崎は、極端な不況にあえいでいた。幕末から明治にかけて六十軒前後あった旅館は二十八軒にまで減るほどだった。このとき、江戸時代からの老舗で、明治前半も自由民権運動や内湯反対運動で活躍した鲶江伝左衛門の「田井屋」もつぶれてしまった。すさんだ人々は、ばくちにほうけたという。そこに明治三十七年八月、蓮成寺を本部に療養所が設置された。『石田手記』によると、「うおや」の杉本和助の発案だったとされている。

療養所とはいえ、傷病兵は各旅館に分宿するわけだから、願ってもない長期滞在の〝団体さん〟が、まさに親方日の丸で来たことになる。上部と下部の二カ所に共同料理場が設けられ、各旅館に食事を配達したり、湯島財産区では傷病兵の慰みにと、当時まだ珍しかった蓄音機を購入した。温城館で小学生が慰問劇を披露するなど、町を挙げてのもてなしだった。

関西電力社長から関西経済連合会会長になった実業家・太田垣士郎は、明治二十七年(一八九四)二月、城崎温泉の中心部で生まれた。同三十七、八年の日露戦争のころは、十一、二歳のやんちゃ盛り。太田垣士郎の死後に出版された伝記『呼ぼうよ雲を』の中に、日露戦争当時の回想が紹介されている。「当時はたばこに〝朝日〟というのがあって、その大きな包装用の紙箱にワラを巻き、ヒモをつけると背ノウになった。ぼくたちはそれを背負い、竹や棒切れでつくった鉄砲や剣を持って、小さなぞうりばきで、愛宕山や大師山の頂上の奪い合いに夢中になったものだ」という。

一日平均五、六百人の傷病兵と面会の家族や慰問団でごった返す城崎は、日露戦争一色に塗りつぶされていた。戦争の勝敗を分けた明治三十八年五月の日本海海戦後、六月三、四日の両日「海戦大祝勝会」が開かれ、秋祭りのだんじりや芸者衆の踊り、ちょうちん行列まで出る騒ぎだった(『城崎小学校百年史』)。傷病兵療養所といえば、重苦し

囲碁をしてくつろぐ日露戦争の傷病兵。明治38年３月、「小林屋」前庭で撮影（「小林屋」資料）

い感じを受けるが、当時、姫路第十師団から城崎までの鉄道は、朝来郡朝来町の新井までしか伸びておらず、傷病兵たちは、人力車と船による円山川下りで来なければならなかった。重傷者は苦痛の多い旅に耐えられないため、姫路予備病院などで手当てを受け、動ける者だけしか城崎の「転地療養所」に来ることはできなかった。

療養所は、同三十八年十月末に廃止されるまで、約四千五百人を収容した。面会人を含めると、城崎始まって以来の人が訪れたはずだ。『石田手記』は、当時流行した「フイトサ節」という歌の一節を紹介している。

傷は治るし女にゃすかれ　ほんとに城崎罪なとこ

一方、城崎出身者からも明治になって初の戦死者が出た。「まんだらや」の石田勘九郎で、同三十八年一月二十三日のこの「英霊」の葬儀は初の町葬だった。

日露戦争の傷病兵転地療養所は、空前の不況にあえぐ城崎を救っただけではなかった。実はこの療養所が城崎にとって、運命的な出会いの伏線となった。

鉄道開通

療養所の廃止からちょうど八年後の大正二年（一九一三）十月、東京在住の志賀直哉がけがの療養のため、関東の草津や熱海ではなく、遠路はるばる城崎を訪れたのも、傷病兵療養所が開かれ「けがに効能あり」と全国に知られたためだった。傷病兵療養所が誘致された詳しい経緯は分からないが、さかのぼれば二百年近い昔の十八世紀前半、当時を代表する名医が城崎を「薬効日本一」と評価したこと抜きに語れないだろう。

療養所で大勢の客に恵まれた城崎は、その経験と資力を生かして、町の近代化を進める。井戸を掘ろうにも塩分を含んだ温泉が出てしまうため、城崎は慢性的な井戸水不足に悩まされていたが、同三十八年十二月、県内でも神戸市に次いで二番目の簡易水道を完成させた。

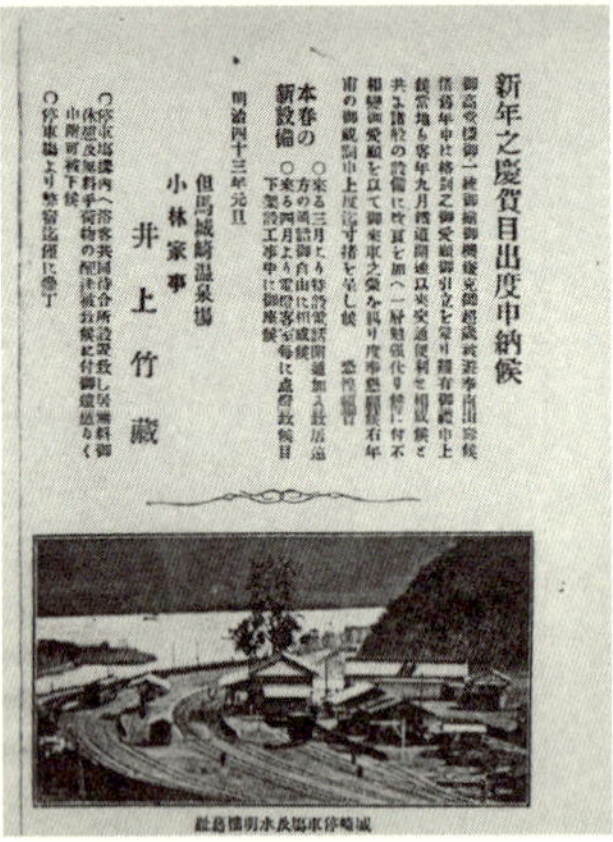

鉄道開通の翌年、明治43年（1910）の「小林屋」の年賀状。城崎駅の写真が新年を飾る。大きな木は、半夜水明楼跡の老松

実は当時、水道事業をしのぐ課題に、城崎のみならず但馬一円が血走っていた。鉄道敷設である。

日清戦争（明治二十七、八年＝一八九四、五）に勝利した日本では、清国から多額の賠償金を得たこともあって、戦前からの全国的な鉄道ブームに拍車がかかった。『城崎町史』などによると明治二十八年には飾磨―生野間の播但鉄道が全通。同年末、但馬鉄道会社が設立され、城崎からは片岡平八郎、斉藤甚左衛門、武内左衛門、鯰江伝左衛門、西村六左衛門ら有力旅館主が参加した。

駅の格付けは「三等湯島、四等豊岡、五等養父、八鹿、江原」などとされていたから、城崎が鉄道に強い期待を寄せるのも当然だった。しかし、播但鉄道は経営的に行き詰まり、明治三十六年（一九〇三）、山陽鉄道に買収される。但馬では鉄道会社の株を引き受けるなどして、懸命に誘致運動を展開。明治三十九年・和田山、同四十一年・八鹿へと進み、四十二年（一九〇九）九月、ついに城崎まで開通した。

開通式が開かれた九月五日は、夜十二時まで祝宴が続き『石田手記』によると「湧き返るような歓びであった」。さらに「開通と同時に京阪神の上等の客が殺到して、かつてはワラジバキの客を迎えた田舎の

明治44年（1911）以降に撮影された絵はがき。小学校が現在の地蔵湯あたりから弁天山（右下の森）西へ移転し、山陰本線の城崎以西の線路が見える（城崎町文芸館資料）

温泉地が、一際関西の温泉に昇格した。実に汽車の開通こそ道智上人温泉開発以来の歓びであり祝福であった」。

続いて明治四十三年、電話が架設され電灯も灯った。同年、外湯が一斉に改築され、「幕湯を廃して特等・上等・並等に区分」した。旅館も先を争って新装に走った。古老の話では、客に座布団と丹前を出すようになったのも、このころからだという。明治四十三年の「小林屋」の年賀状には、城崎駅の写真に加え、電話と電灯を「本春の新設備」と刷り込んで宣伝していた。

麦わら細工

城崎の伝統工芸・麦わら細工。桐の箱に黒い斑点の入った麦わらのサビ地を敷き、鮮やかに染色された麦わらが、花や鳥、さまざまな文様に貼られてゆく。サビ地の落ち着きと、つやのある麦わらのコントラストが、この工芸品独特の味わいをかもし出す。

口伝によると、江戸時代の享保年間（一七一六―三六）「因州半七」

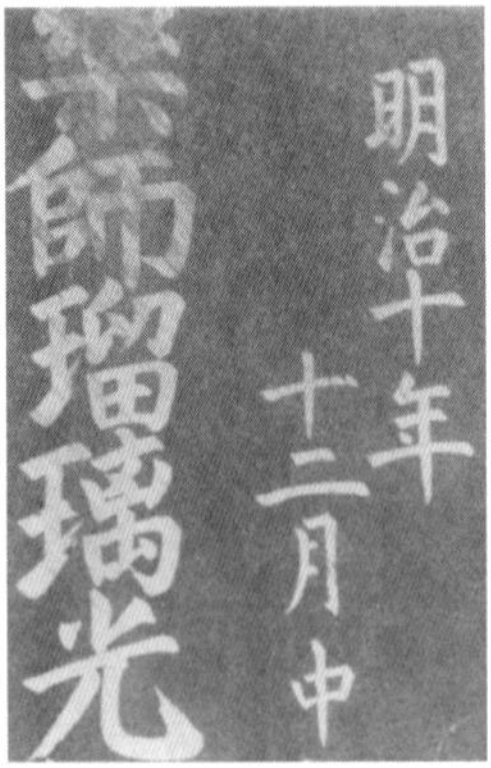

明治10年に作られた麦わら細工の額。文字は全部麦わら（温泉寺薬師堂）

という人物が始めたとされている。このやさしい品は、宝暦十三年（一七六三）の『但州湯嶋道中独案内』で土産物として「柳かうり、柳細工、海苔《のり》、湯の花」などと並んで登場している。「城崎」と「麦わら」が結びつく必然性はいまだに定かではない。しかし明治に入ってからは工芸品として完成し、全国に知られるようになった。明治六年（一八七三）、城崎を訪れた富岡鉄斎や田能村直入ら著名な日本画家がその技術を称賛し、神戸に商店を開いて輸出を試みる者もあったという。明治二十四年（一八九一）、東京在住の但馬出身者組織「但馬会」が発行した『但馬会雑誌』第三号によると、この年開かれた「第三回内国勧業博覧会」に「但馬特秀ノ産」「湯島細工」として出品され、同三十五年セントルイス万国博では最高名誉賞牌を受賞、多くの名人が出て麦わら細工の黄金時代を築いた。

　麦わら細工の名人として知られ昭和五十一年（一九七六）、八十九歳で亡くなった芳賀英一の「手記」によると、昭和初期には、大正十四年の北但大震災で再起不能と思われた麦わら細工だったが、国内だけでなく海外にも販路を開き、各地の婦人会にも麦わらの指輪を作ってもらうなどして、注文をさばいた――という。

城崎にしかない工芸品、麦わら細工。小物入れやこま、指輪（城崎温泉観光協会提供）

美しい光沢のある麦わらを材料とした工芸は、ヨーロッパや中国などにも見られ、国内では東京都大田区の大森地区にも、江戸時代から「大森細工」として麦わら工芸があった。技法はそれぞれの地区で違うが、昭和二十五年、大森細工最後の職人が他界したため、国内で麦わら細工は、城崎固有の伝統工芸となった。めし粒をヘラで練ってのりとする工法は、今も変わらず、城崎が栄えれば麦わらも栄えた。

芳賀手記はこう始まっている。「城崎の麦稈《ばっかん》細工か、麦稈細工の城崎かと一時は世にうたわれた有名な特産〝麦稈細工〟も時の流れには抗するべくもなく、世代の変遷という大浪に打ちひしがれて、今や衰微の一途をたどり、まさに滅亡の一歩手前まで追いつめられて来た。誠に惜しい限りである」。

『城の崎にて』

愛媛県松山市の道後温泉は、夏目漱石の代表作『坊ちゃん』の舞台として知られる。松山は正岡子規や高浜虚子、河東碧梧桐らを輩出し

大正時代。人力車が活躍した。

た。

『坊ちゃん』は、小学校高学年や中学生にも親しみやすい、実にカラッとした筋書きと文章でつづられている。〝伊予の湯〟道後は、冬でも曇ることさえ珍しい瀬戸内の気候に抱かれ、非火山性弱アルカリ質の湯は、毒舌の作家・今東光をして「泉質が人間の肌にこれほどぴったりとよい感触を与える名湯はない」と言わしめたほどで、湯を口に含むと甘やかな錯覚さえ起こす。

城崎は雨多く雪深い山陰・但馬の湯。冬場、青空はほとんど見られない。塩っぽく高温の湯に、長時間つかることは難しい。志賀直哉（一八八三―一九七一）の『城の崎にて』の舞台はこのような風土こそ似つかわしい。

『城の崎にて』は、直哉が湯治に訪れた城崎での体験がもとになっている。清明な生死観をつづった簡潔な文章は、近代文学の到達点の一つとされている。唯一の長編『暗夜行路』とともに、直哉の代表作となった。

『城の崎にて』は、文庫本でわずか八ページの短編。高校現代国語の教科書の多くが採用している。文学を通して心に刻まれる「城崎」

けがの療養のため初めて城崎を訪れ「三木屋」でくつろぐ志賀直哉（大正２年10月撮影）＝「ふるさとの想い出写真集　明治・大正・昭和　豊岡、城崎」（昭和57年）から

は、何物にも代え難い宣伝力を得た。何よりも、文学のふるさととしての誇りを、町の人に植え付けた。

『城の崎にて』は、なぜ『城崎にて』ではないのか。志賀直哉は一文字をも無駄にしない作家といわれる。芥川龍之介や谷崎潤一郎も、直哉の文章力に一目置いた。そんな作家が、作品のタイトルにこだわらなかったはずはない。現に『城の崎にて』は「山の手線の電車に跳飛ばされて怪我をした、その後養生に、一人で但馬の城崎温泉へ出掛けた」と始まる。「城の崎温泉」ではない。

文芸評論家の三谷憲正は『「城の崎にて」試論――〈事実〉と〈表現〉の果てに――』（二〇〇三年、日本ペンクラブ電子文藝館所収）で次のように考察している。

「城の崎」とは何か。おそらくそこは〈現実〉の兵庫県城崎郡城崎町ではない。それは作家自らが創り出した、心象の「死の国」だったのではなかろうか。この静寂の世界。具体的に音を表す言葉は、蜂の飛ぶ音や、鼠に投げられる石の音、そしていもり（＝蠑＋虫ヘンに原）の場面でのかすかな石のあたる音ぐらいでしか

若き日の直哉（町文芸館資料）

ない。「ひどい雨」も耳には訴えない。たしかに鼠のシーンで見物人は「大声で」笑い、近くにいる「家鴨」も「鳴きながら」泳いで行くのであるが、その擬声語は省かれ、むしろ視覚を頼りに描かれている。この作品を〈死の国彷徨譚〉ととらえ直す時、新しい世界が見えてきはしまいか。「城の崎」という〈死の国〉にあって、事故の後遺症としての「物忘れが烈しくなつた」主人公は、しかし記憶の時間を過去へとさかのぼっていく。いわば空間の遠近がとりもなおさず時間の暗喩（メタファ）として機能し、時間は空間に変換されて、ここにある。

直哉は「城の崎」と「城崎」を、明確に区別していた。

志賀直哉

直哉は大正二年十月十四日東京を出発、十八日昼前、一人城崎駅のプラットホームに降りた。直哉三十歳の秋だった。十六日夜から北但

城崎町文芸館前の志賀直哉文学碑。自身の文学碑を嫌う直哉を町関係者が説得して実現した。初めは昭和39年（1964）、ロープウェー駅の下に設置され、平成8年（1996）、文芸館前に移された。活字の「城の崎にて」の下部「直哉」だけが直筆だが、「哉」の文字にはなぜか筆順で最後から2番目の払いがない

馬一帯は豪雨に見舞われ、山陰線はあちこちで寸断されていた。城崎では、大谿川があふれて床上浸水した旅館もあった。昭和四十四年（一九六九）九月、藤野つとむ（元町収入役。画家、本書の挿絵担当）が東京・渋谷の直哉宅を訪れ聞いた話によると、まず城崎駅から人力車に乗り、車夫に「一番いい宿はどこか」と尋ね「ゆとうや」に案内された。しかしあいにく「ゆとうや」は浸水中で、仕方なく別の宿へ行った。しかし、二番目に案内された宿は気に入らず、三番目に当たった「三木屋」に落ち付いた、という。

城崎での直哉は、ひたすら湯治に専念する一方、散歩や玉突きをしたり、当時あった演芸館「東亭」の寄席に行ったほか、お茶屋へ上がって芸者を呼んでいる。『城の崎にて』につづられているように、ハチ、ネズミ、イモリという小動物の死と、電車にはねられ危うく死にかけた「自分」とを対比させつつ、鋭い感受性と観察眼で死と生を見すえていた。「三木屋」でも「若い独身の書生がいる」というぐらいのことで、特別な扱いはしていない。ただ、当時の城崎の旅館は、どこでも朝食に冷飯と漬物を出していたが、直哉の習慣はパンとバターだったため、特別に神戸から取り寄せさせた。

大正初期、直哉が初めて訪れたころの町並み。大谿川下流から王橋方向（町温泉課資料）

『城の崎にて』は、大正六年（一九一七）、雑誌『白樺』誌上で発表され、わが国の近代文学を代表する短編として評価されるようになった。城崎もまた、この作品の舞台となったことで日本の一流温泉地としての地位を確立した。

『城の崎にて』は『いのち』と題された草稿がもとになっている。この草稿では、「但馬の城の崎」と書いた部分を消して「或《あ》る温泉」としている。それが『城の崎にて』では「一人で但馬の城崎温泉へ出掛けた」と、固有名詞に戻っている。直哉は、大正二年以来、十回も城崎を訪れている。「或る温泉」ではなく「城崎温泉」としたのは、直哉の城崎への愛着の表れだろうか。

昭和三十八年（一九六三）、当時の城崎温泉観光協会長・鳥谷武一が文学碑建立の件で直哉宅を訪れた際「熱海のまねはするな。城崎こそ日本の代表的な温泉だ。温泉はよく澄み、山や川が美しく、日本海の魚がうまい。町の人の心は温かく、木造建物とよく調和してうれしかった」と話した。

昭和五十六年（一九八一）十月二十一日、直哉の十回忌。当時は城崎ロープウェーの下に建つ直哉の文学碑の前で、温泉寺の住職を連れ

大正11年、城崎に初めて出現した「城崎ホテル」（町温泉課資料）

て一人の老人が法要を営んでいた。このことを町の人は誰も知らない。

大正の繁栄

明治四十二年（一九〇九）の山陰線開通で、客は激増した。『城崎町史』によると、明治三十年度（一八九七）は一万五千二百十四人。九五％に当たる一万四千四百五十六人が「病客」で、文字通りの湯治場だった。それが大正八年（一九一九）には、明治三十年度の約二十倍に当たる三十万人を超えた。『石田手記』は当時の収容力について「別府に次ぎ、熱海、北陸、南紀等は物の数ではなく……」としている。

大正五年、温泉事務局（いまの町温泉課）発行の『城崎温泉案内記』によると、円山川の舟遊び用の屋形船、釣り船など十隻、貸本屋五、六軒。劇場「温城館」や寄席「東亭」では、演劇、講談、浄瑠璃、浪花節、芸妓の舞いも。玉突き、大弓などの遊技場は各地に散在し、酒楼、割烹店は十余軒、西洋料理の店もあった。また、神戸、大阪、京都の新聞も即日に配達し、牛乳搾り所では殺菌器も備え、朝夕二回ず

大正中期の鴻の湯。明治期の建物よりもかなり充実している（「西村屋」資料）

つ配達していたという。

明治末から大正初めにかけて、客の増加でどの外湯も狭くなり、相次いで改築された。第一次大戦（大正三・一九一四―同七・一九一八）の影響もあって大正前期から好況が続き、城崎は発展に加速を加える。同八年、城崎自動車モーターボート会社設立。九年、玄武洞土地建物株式会社設立（遊覧船設備）。十年、二階に百畳の大広間、一階に食堂と娯楽室を備えた「城崎クラブ」建設、同年上水道拡張工事完成通水。十一年、城崎温泉土地建物会社が設立され、駅前に「城崎ホテル」建設、同年「地蔵湯」裏に「城崎劇場」建設……。

文人往来

明治から大正にかけて、皇族、政治家のほか、多くの文人が城崎を訪れ、城崎ゆかりの文学を残した。また城崎も、優れた人材を送り出した。

文化二年（一八〇五）、旅館「いせや」の長男に生まれた斎藤崎庵は、

内藤　湖南

竹久　夢二

柳田　国男

有島　武郎

南画家として知られた。家は姉に任せ、京都、播州、四国、九州を回り、明治十六年（一八八三）甲州（山梨県）で客死。七十九歳だった。また同じ南画家の三宅竹隠（一八六五―一九〇三）は「板屋」の出身。明治元年（一八六八）「大和屋」に生まれた結城蓄堂は、漢詩の才にたけ、民権家、新聞記者として活躍、北但大震災前年の十月、五十七歳で他界した。

一方、明治三十五年にはジャーナリストで東洋学者の内藤湖南（一八六六―一九三四）が来湯した。当時の湖南は、国粋主義的文化団体「政教社」同人となり、政府の欧化主義批判の立場から雑誌『日本人』の編集に携わっていた。彼の著作『浴泉紀行』で、江戸時代の儒官・柴野栗山が命名した今津の茶屋「半夜水明楼」を見て「いと荒れたる野店あり」と、書き残している。

高浜虚子と並んで正岡子規門下の双璧として新しい俳句づくりの運動を進めていた河東碧梧桐（一八七三―一九三七）は、同四十二年十一月城崎を訪れ「板屋」に長期滞在した。また播州出身の民俗学者柳田国男（一八七五―一九六二）も同年六月、京都府久美浜から飯谷峠を経て来遊した。滞在中腹を痛め、関経連会長などを歴任した実業

田中　冬二

家・太田垣士郎の父の医院を訪ねている。当時十六歳の士郎は、四年前、偶然飲み込んでしまったビョウがのどにひっかかったままで、苦しみ抜いていたころ。柳田は士郎の病状を心配する父を見て「まことに親の愁いはさまざまなり」（『北国紀行』）と心を痛めた。

明治大正期に美文家として知られた大町桂月（一八六九―一九二五）は、結城蓄堂に誘われて明治四十三年、城崎に来た。「霊泉ある上にも、山あり、川あり、海ありという温泉場は他に多く求むべからず。況《いわ》んや、玄武洞あるをや。又況んや、日和山あるをや。蓄堂しきりに夏日舟遊の快を説く」（『城崎温泉の七日』）。

このほか大正十四年の北但大震災までに訪れた主な人を挙げると、詩人の田中冬二（一八九四―一九八〇）、古文書学の大家・久米邦武（一八三九―一九三一）、歌人の竹下利玄（一八八六―一九二五）、美人画で一世を風靡《び》した竹久夢二（一八八四―一九三四）ら。作家・有島武郎（一八七八―一九二三）は、人妻と心中する一カ月半前の大正十二年四月末、「ゆとうや」に三泊した。

救を求むる避難者

流言盛に行はる

猛火各所に起つて
湯の町城崎全滅す
死傷算なく酸鼻極に達す

城崎は尚燃ゆ

薬師堂だけが残る

湯治客多数死傷

鐵橋十時陷没

瀬戸、津居山湊
海嘯襲來

大正14年５月24日付「神戸新聞」。「城崎全滅」の見出しが痛々しい

北但大震災

昭和二十一年（一九四六）十二月二十一日午前四時二十分、四国や和歌山県一帯を襲った南海地震は、四国の名湯・道後温泉（愛媛県松山市）を突然のパニックに陥れた。旅館が倒壊したり街が焼けたのではない。湯が、ピタリと止まったのだ。その日から再び湯が湧くまでの九十日間、一日八千人もの入浴客でにぎわっていた道後の町には、「湯祈とう」の声だけが響いていた。

道後にとって、これが初めての経験ではなかった。古来から記録に残っているだけで、湯が止まったのは十四回もあった。再湧出まで九十日というのは、まだ短い方。七世紀には三年間、江戸時代の寛永四年（一六二七）には百七十九日間も、道後から温泉は姿を消していた。原因は、地震によって既存の湯脈付近の岩盤にヒビが入り、そのすき間に湯が満ちた後、ようやく地上に湧き出る——という仕組みによるものらしく、道後にとってはいつ再発するかもしれない心配の種となっている。

大地のみがもたらす温泉の恵み。大谿川流域に温泉が湧くのは、大

餘燼未だ冷めず満目荒涼たる災後の城崎町

地にとって取るに足らない偶然だった。

大正十四年（一九二五）の震災前年の資料によると、城崎町の家屋数は七百二戸、人口三千四百十人（男千六百八人、女千八百二人）。百四軒の旅館が営業していた。

城崎では同年春、福知山運輸事務所（今のＪＲ西日本福知山支社）の所長の勧めもあって、大阪の長唄の家元に「城崎節」の作曲を依頼した（『石田手記』）。浴客の増加で城崎は〝御当地ソング〟を作る余裕さえ見せていた。

『石田手記』によると、地震前日の五月二十二日、当時の西村佐兵衛町長らの呼びかけで結成された「山陰道町長会」の発会式が城崎クラブ二階の大宴会場で開かれ、芸者衆による新曲「城崎節」とその踊りが披露された。翌二十三日朝、町長一行は、モーターボートに分乗して玄武洞や日和山見物に出かけた。ボートには芸者衆も同乗、日本海の眺めと味を楽しんだ一行は、ボートで玄武洞へ向かった。午前十一時過ぎ、モーターボートは温泉街のすぐ東、円山川の中ノ島あたりにさしかかっていた。

異様な音響は、日本海から響いて来た。大砲の発射音に近い「ドド

1面全面を割いて震災を報じる大正14年5月25日付の「神戸新聞」

ン」という音だった。ボートは激しい衝撃を受け、木の葉のように舞った。コイやボラが一斉に水面高く跳ね上がった。船から見ると、黄色い土煙が温泉街を覆っていた。

激震四回

その前兆はなかった。県がまとめた『北但震災誌』によると、地震前に城崎温泉の一部の泉源で、温度が低下したといううわさがあったが、未確認情報として片付けられている。『石田手記』も「不吉な事が起こる時は、虫が知らせるということがあるが、昨夜来聊《いささ》かの前兆もなく予感もなく……」となっている。

当時、豊岡市の山王山にあった神戸測候所豊岡出張所は、震災六日前の大正十四年五月十七日、震度一の微震を観測しているが、震源地は不明。前日の二十二日は一日中穏やかな晴天だった。当日の朝、豊岡で雨が観測されている。城崎では「山陰道町長会」一行が円山川で舟遊びをしているくらいだから、大きな天気の崩れはなかった。最高

全焼した町。地蔵湯から駅通り方面（『城崎町史』より）

気温も豊岡では、ほぼいまの平年並みの二三・七度。あたり前の五月の土曜日だった。城崎にはこの日、千人余りの浴客が各旅館に投宿していた。

豊岡出張所の観測記録によると、午前十一時九分五十七秒、震度6。いまは震度6（烈震）の上に同7（激震）があるが、当時は震度6が最高震度だった。続いて二秒後の九分五十九秒、震度6。十分十秒、震度6。十分十三秒、震度6。十六秒間に四回の激震が襲い、さらに十一時三十七分と同四十七分、十二時一分の三回、震度5の余震が続いた。

城崎ではその瞬間、「来日岳が爆発した」と思った人が多かった。神戸測候所の「北但地震調査略報」（『北但震災誌』所収）によると、円山川河口沖の震源から、津居山、城崎、豊岡への南方に走った大地のねじれは、多くの人によって確認されている。まず、「ドン」「ドドー」「ゴー」という地鳴りは、城崎から見て震源方向の北東から聞こえた。うねりの伝達スピードは、一秒間に三―四キロ。五月下旬の山は松の花の盛りで松の花粉が北から南へ煙立つことによってうねりの進行方向を見た人もいた。

激震で1階部分が押しつぶされ、2・3階が残った旅館

豊岡ではまず激しい東西方向の揺れに始まっているが、震源に近い城崎や津居山方面では、強烈な上下動で、一瞬にして人々は跳ね飛ばされた。十六秒間に、地面が四回ムチのように波打ったため、木造二階、三階建ての旅館や商店、民家では、一階部分を押しつぶされ、上階が残った所が多かった。

午前十一時十五分、立ち込める土煙が収まったころ、まず大谿川の山陰線踏切付近など町内数カ所から、火が出た。

猛火

地震当時の城崎温泉は、いまと違って昼食も含め、一日三食を客に出す湯治旅館が大部分を占めていた。激震が襲った午前十一時十分ごろは、どの宿も昼食準備に追われていた。まだ料理専門の板場さんをおく旅館などわずかで、働き手は、おかみさんや娘たちだった。この震災による死者は、城崎、豊岡のほか、京都・久美浜なども合わせて四百二十九人。城崎町だけで二百七十二人が死亡。城崎署の資料によ

焼けた城崎温泉で必死になって家族を捜す婦人（大正14年５月25日付神戸新聞より）

ると、うち六十人が浴客だった。二百七十二人中、女性が七一％の百九十四人を占めている。豊岡町では、八十七人の死者を出しているが、男四十六人、女四十一人だった。

城崎の場合、宿の一階台所で昼食準備中の女性が、家屋倒壊によって圧死したほか、柱に挟まれたり閉じ込められたまま、襲いかかった猛火の犠牲になった人が多い。北但大震災の最大の被害者は城崎の女性たちであった。

風は初め大谿川下流から上流に吹いていた。東風だった。地鳴り、四回の激震、家屋倒壊までせいぜい二十数秒が終わると土煙の立ち込める温泉街には、不思議な静けさが訪れていた。泣き声、うめき声、陥没した道路から吹き出す泥水も、激震から数分後に相次いで発生した火に包み込まれていった。

温泉街の約十カ所から出た火は、東風で西方へ延焼、午後一時二十分には「鴻の湯」を焼いた。次に風は西風に変わり、午後三時半には本住寺にも飛び火。火は往復するかのように、温泉街をなめ尽くした。温泉寺と、明治四十五年に焼け再建されたばかりの極楽寺は、類焼を免れた。

焼け野原になった城崎温泉街。東山公園から撮影（町温泉課資料）

軽傷者やちょっとした物の下敷きになった者は、無事な者に助けられ、危うく火から逃れたが、「両足を梁に挟まれてその苦痛に耐えられず、ひと思いに殺してくれとせがまれ、できないのなら刃物を貸してくれと号泣するのを、ついに見捨てて立ち退いたという悲惨な話も珍しくなかった」（『石田手記』）。

〝山陰の仙境〟とまでいわれた旅館街、各旅館秘蔵の膨大な書画骨董や古文書、麦わら細工の名品、四所神社、蓮成寺、本住寺と、春に美しさを誇った本住寺の大しだれ桜までも灰になった。

翌二十四日、夜明けとともに人々が見たものは、紛れもない湯島の焼け野原だった。しかし、くすぶる余じんにまじって、丸裸になった外湯からはこんこんと湯が湧き、白い湯気さえ漂っていたのだった。

城崎物語

昭和——希望への葛藤

扉題字／十三世・片岡仁左衛門

焼け跡から

北但大震災によって、城崎町は焼き尽くされた。農村部を含む七百二戸中、何と五百四十八戸が全焼した。とりわけ狭い温泉街は、ほぼ壊滅した。宿代が一日八十銭から一円の時代に、物的な被害総額は千二百万円を超えた。

城崎町の死者二百七十二人は、人口三千四百十人に対し、七・九八％を占める。死者の内六十人は宿泊客だった。当日の宿泊客は約千人とされているから、町内に滞在していた人口を四千四百十人とすると、死亡率は六・一七％。平成七年（一九九五）の阪神・淡路大震災で千四百七十人が亡くなった神戸市東灘区の死亡率は〇・七七％だった。北但大震災による城崎町の高い死亡率は、日本の災害史の中で突出している。

残ったのは湧く湯、流れる大谿川と、肉親と財産を失い抜け殻のようになった人たちだけだった。翌二十四日から二十五日にかけて、死んだ肉親の骨を探す人の姿が、焼跡に漂っていた。遺骨をとむらうた

首からメガホンを下げて焼け跡を回る西村佐兵衛町長（「北但震災誌」より）

め、僧侶が打ち鳴らす鐘の音が響いていた。

そんな余じんくすぶる町を、季節外れのコートに地下足袋姿、首から短いメガホンをぶらさげた奇妙な格好の男が走り回っていた。この男は、激震襲来と同時にまず城崎小学校に飛び、児童と職員を励ました足で、六つの外湯の温度を順番に調べて歩いた。「城崎町は大丈夫だ。この湯の湧き出るかぎり城崎町は発展する」（『小学校百年史』）と確信を持った。地震前年の大正十三年十月、町長に就任した旅館「西村屋」四代目西村佐兵衛だった。西村は当時四十三歳。城崎の復興の歴史はそのまま西村の足跡と重なる。昭和三十五年（一八六〇）、旅館業者で初めて藍綬褒章を受章したのも西村だった。

『小学校百年史』によると、多くの町民がまだ虚脱状態からさめない二十五日、学校にテントが張られ、学校本部がまず復興した。翌二十六日、校庭に鉄道省から届いた五百坪（千六百五十平方メートル）もの大テントが張られた。震災から五日後の二十八日、この大テントで小学校の授業は再開されるが、児童を前にまず西村町長が相変わらずのコートと地下足袋姿で、空き箱の演壇に立った。当時の校長小西義夫は、この日の感動を「城崎小学校授業開始状況」と題する巻物に残している。

それによると西村町長の口からは枯れきった声がしぼり出た。「壇上に立つも暫《しば》し言無し。やがて口を開けば、一言一句、ことごとく衆人の肺腑《はいふ》をつく。生きる者の喜びを説きてその責務に及び、町民の現状を述べて将来を嘆き、児童の胸底に潜める強くしかも天真なる力に鞭《むち》ちて、親を救え、これを激励せよ、町の復興に邁《まい》進せよと、声涙共に下り、血の滲み出づるがごとき熱弁に、聞く者皆うなだれて、真に一大劇的場面を現出せり」。

西村町長がどんな演説をしたかはわからないが、まず教育、そして温泉の復興を見通した彼の目は、確かなものだった。町の古老たちが口をそろえて言うように、焼け野原で立ちすくむ町民に、まずカツを入れたのは西村佐兵衛町長だった。

まず外湯

昭和三十五年（一九六〇）ごろ、城崎町公民館で古老を集めて北但

全焼した「一の湯」。一部にテントが張られているが、男湯は露天さながら（「北但震災誌」より）

大震災のことを語るつどいが開かれた。その録音テープが残っており「赤石屋」の坂本誠一（昭和三十八年、七十九歳で没）は、震災からしばらくして四所神社にむしろを敷き、町民大会が開かれたことを伝えている。丸焼けになった町をどう再建するか、何から手をつけるのか――。この町民大会で確認された原則は「元の位置に元の温泉を建てる」ことだった。

つまり六つの外湯（旧「さとの湯」は昭和三十七年にできた）を、元通りに再建し、温泉街の中心にする――という原則だ。今日から考えれば、当たり前のようにも思えるが、すべて灰になっている時点で、泉源の位置に制約されるだろうが、大谿川の川筋を変え、新しく共同浴場を設置し直すこともできた。現に震災前と今日では、旅館や飲食店の位置が大きく変わっている。しかしあくまで、城崎はゼロからの出発に当たり、外湯の復旧という道を選んだ。

『北但震災誌』の「震災後の投宿客調査表」によると、地震翌月の大正十四年六月には宿屋数二軒、投宿人員八十二人、七月―四軒二百七十九人、八月―七軒四百五十五人、九月―十軒六百四十三人、十月十軒八百十一人――となっている。鉄道省の統計によると、全国から城崎入りした援護団の人数だけで六月十日までに六千人近くにもなることから、六月の投宿者八十二人はどのような数字かわからないが、城崎に湯が湧き、外湯がある限り、客足は絶えなかった。

復興の順序をみると、教育と温泉を基本とした西村佐兵衛町長の考えが反映しているのがわかる。まず震災後二カ月で「地蔵湯」と「柳湯」「鴻の湯」の仮建物が完成、昭和二年、城崎小学校落成、翌昭和三年「一の湯」「まんだら湯」そして町役場の新築完成。四所神社はこの年の暮れに再建された。

城崎町は復興資金として、無担保無利子五十年年賦の六十三万円など、国などから百二十五万円の融資を受けた。豊岡町は七十二万円の融資を得たにとどまった。城崎町の物的被害額は約千二百万円だったのに対し、但馬の政治経済的な中心都市・豊岡町は、死者数こそ八十七人と城崎の三分の一だったものの、物的被害額は約七千三百万円で城崎の六倍以上に上った。にもかかわらず、信じられないことに復興融資は城崎の六割弱に過ぎない。

震災当時は、憲政会（後の民政党）を与党とする加藤高明内閣。但馬は憲政会の代議士斎藤隆夫を送り出していた。西村町長は早稲田大

震災前の温泉街は、道路に大谿川が迫っていた（町文芸館資料）

学で斎藤の後輩に当たり、昭和の初めに斎藤の後援会「城崎公進クラブ」を組織するなど、斎藤の地盤の強力な支持者だった。また、斎藤のほか加藤内閣の内務大臣若槻礼次郎ら憲政会幹部の城崎での定宿は、「西村屋」だった。西村町長は復興事業に、政治的人脈を最大限に活用したと考えられる。

土を盛る

大正十四年五月の地震で町が全焼する以前の写真を見てもわかるように、大谿川と両側の道路の段差は数十センチしかなく、ちょっとした出水でも温泉街は水びたしになっていた。とりわけ同七年九月十四日の台風では、円山川の堤防が決壊したほか、大谿川から押し寄せた濁流が町内にあふれ、軒下まで浸水する被害に見舞われた。

また、旅館や商店は江戸時代以来、無原則に立ち並び新興地の駅通りは幅三間（約五・五メートル）の道路だったが、中心街に当たる「一の湯」から大谿川上流になると、一間半（約二・七メートル）程度

大谿川の護岸に使われている玄武岩。地震で玄武洞から崩れ落ちた岩や山を削って掘り出した岩が船で運ばれた

の狭い道幅しかなく、人力車さえ通れない迷路のような道さえあった。道後温泉（愛媛県松山市）は、城崎温泉と同じくらい古くから発達した温泉場だが、昔ながらの木造旅館街は見られないものの道路だけは〝昔ながら〟で、曲がりくねった道には乗用車一台がやっと入れるだけの幅しかない。北但地震後の火災で、三百人近い犠牲者が出たのは、城崎の狭い道路が一因となっていた。

『北但震災誌』によると、町はまず庶務部、都市計画部、土木部の三部からなる復興部を役場内に新設した。また昭和二年の十一月、町復興区画整理組合が発足、焼失地域を中心に安全な温泉街の再建をめざし、地主は所有地の一割を無償提供し、道路、河川の拡張に充てることにした。県は、駅通りの道幅を五間半（約十メートル）、その他の道路を三間半（約六・四メートル）とするように指導し、町議会も賛同した。さらに水害に備えて、温泉地全体に盛り土を施した。今の大谿川の両岸に玄武岩が積まれているのは、この地上げのためである。

城崎らしい景観を支える木造三階建ての町並みにも、類焼防止のため数カ所に鉄筋の建物が配置された。町役場から物産店「伊賀屋」の一部、さらに郵便局（昔は劇場「温城館」）の筋、物産店「ふじの」、

「伊東物産」の筋など、大谿川と直角に交わるように防火地帯が設けられた。駅通りの公民館（旧城崎署）や「一の湯」などを鉄筋コンクリートにして、どちらから風が吹いても、火災を最小限度で食い止められるように工夫された。

先見力

「一の湯」から大谿川下流の柳並木、上流の木屋町から温泉寺薬師公園一帯までの桜並木、浅い流れの大谿川にかかる四本の太鼓橋、鉄筋の防火地帯を目立たないように配置した和風の町並み――。JR城崎駅前広場からたっぷり幅をとったにぎやかな駅通りを過ぎて出会う光景は、初めて訪れた人に「これが城崎か――」と快い驚きを与えてくれる。そこには城崎温泉が、最大限自己を主張することのできる空間となっている。

震災からの復興計画は、大筋で確実に五十年先を見通していた。柳並木については、昭和三年（一九二八）六月まで町長職にあった西村

一の湯と王橋。震災からの復興事業が城崎のシンボルを造った

佐兵衛が、岡山県の倉敷を見習ったという説と、同七年三月から十二月までの間町長だった井上吉右衛門の提案――の二説があるが、太鼓橋にしろ桜や柳並木にしろ、今日に至るまで城崎の顔として大切に守り育てられてきた。

橋や外湯などの都市デザインに、大正・昭和を代表する建築家で東京の歌舞伎座や明治生命館、大阪市中央公会堂の設計者として知られる岡田信一郎（一八八三―一九三二）や、美方郡温泉町出身で都市計画や構造学の第一人者・吉田享二（一八八七―一九五一）ら、早稲田大学の設計グループが参画したことも、復興に貢献した。桃山様式の「一の湯」は歌舞伎座をほうふつさせる名建築として、城崎の象徴となった。柳と橋の構図は、桃山美術のモチーフでもある。

しかし、復興当時「人力車が通れず、歩いてしか渡れない太鼓橋はけしからん」と反対した者、「家の前の柳は目ざわりだ」と夜中に切り倒した者、各地から寄せられた救援資金を飲み代に使ってしまった者、「道路が広すぎて商売にならん」と怒った者など、すんなりと今日の町の姿ができたのではない。

一方、客寄せのための努力も八方尽くされた。震災の年の大正十四

にぎわう城崎スキー場。神鍋、鉢伏と並び但馬スキー場の草分けだった（「西村屋」資料）

年冬には、桃島にスキー場がオープンした。但馬のスキーは、大正十二年、元南極越冬隊長・西堀栄三郎らが鉢伏山を滑ったことから始まるが、城崎スキー場は鉢伏、神鍋と並び、但馬のスキー場の草分けだった。休憩小屋も建てられ、各種のスキー大会でにぎわったものの、戦後は神鍋やハチ高原などの開発ですたれてしまった。

震災翌年、大正十五年夏には旅館や商店もかなり復興したが、宿泊人員はわずか八万人余りだった。震災前のピークが同九年の約三十三万四千人（『城崎町年表史』）だったから、復興のため膨大な借金を抱えた城崎にとって、いかに宣伝するかが最大の課題となった。『石田手記』によると、城崎に同情を寄せる新聞記者を招待して知恵を絞った結果、京都大学の地震専門家に「一度大地震が起こった所では、二度と大地震は起こらない」とのお墨付きをもらい大々的に記事にすることになった。しかし京大の先生は「比較的安全だが、絶対とはいえぬ」と言い、この計画は失敗したという。

宣伝作戦の第二弾は、大阪「三越」と京都「大丸」で昭和二年七月に開かれた「山陰名産品展」。山陰という名前がついているが事実上は城崎の宣伝で、これは大いに人気を呼び、深刻な不況下にもかかわらず、昭和三年の宿泊客は約十九万三千人にまで回復した。

水上飛行機

総飛行距離十四万五千百十八キロ、飛行時間千百五十六時間二分、乗客総数三千二百六人――この数字は、昭和六年（一九三一）から十四年までの八年間、城崎温泉を起点に営業活動をした民間航空会社「日本海航空」の実績である。平均時速百二十五・六キロで、地球を三周半したことになる。ライト兄弟が、初めて動力飛行に成功したのが明治三十六年（一九〇三）。それからわずか二十八年後の昭和六年に、但馬の空に航路が開けたのだった。

仕掛け人は、北但大震災後の城崎復興の立役者・西村佐兵衛と、城崎郡日高町の中島久太郎ら。中島は西村に負けないアイデアマンで、大正時代に神鍋に初めてスキーを持ち込んだ人物。二人とも出石出身の代議士・斎藤隆夫の強力な後援者でもあった。

思い立ったらずば抜けた実行力を発揮する二人は、昭和五年から陸

城崎温泉の水上飛行機（「西村屋」資料）

軍航空本部や逓信省航空局を回って研究を始め、同十一月には東京で旅客機に試乗、「三菱式ＭＣ１型旅客機」を円山川で発着できるよう水上機に改良して、第一号機とすることに決めた（『山陰観光の父　西村佐兵衛翁伝』）。

「城崎一号機」と名付けられた三菱ＭＣ１は、昭和六年七月二十二日午前十一時三十七分、城崎駅裏の円山川に到着。同時に城崎飛行場の開場式が、町挙げて開かれた。乗員二人、乗客定員五人、全長十一・五メートル、全幅十四・八メートル、水平飛行速度百九十キロの「城崎一号」は、七月二十七日から営業を始めた。城崎温泉から日本海海上を十分で回る遊覧飛行で、料金一人五円。当時大学出の初任給が三十五—五十円の時代だった。

翌七月五日、城崎—鳥取間、城崎—天橋立間の定期航空を開始、八年には城崎—松江間、十年には何と大阪—城崎—鳥取—松江—隠岐までが「日本海航空」の定期便で結ばれた。定期便とはいえ、六、七、八月の三カ月だけ週一回往復する程度だったが、「表裏日本をつなぐ〝空のタクシー〟」と大かっさいを浴びた。戦争とともにこれらの定期便は十三年で中止となり、十四年には「日本海航空会社」も解散

山に囲まれた旅館街と橋、川、柳

した。昭和のはじめに、三千人以上もの人を空へ誘ったこの事業は、故障で二回不時着したことがあったとはいえ、人身事故ゼロの記録を残し、歴史の一ページになってしまった（『日本民間航空史話』など）。

ある発展策

明治二十八年（一八九五）五月、文部省嘱託医三島通良ら同省の一行が城崎小学校の視察に訪れた際、城崎町は三島医師に町の衛生状況に対する意見を話してもらうため、蓮成寺で講演会を開いた。『小学校百年史』に要約されているその講演は百年以上も昔のものとはいえ、衛生問題にとどまらず、今日にとっても重要な内容を示唆している。

まず城崎は「天然の山水風色と絶対の霊泉」を持っており、この「二つの天然力を利用して人を引き、人を待ち、人を医し、人を安じて客扱いの専門業となるべきこと」としたうえで①山川の景観を大切にしていない②浴室が不完全③下水が汚ない④食物がよくない⑤全体に不潔——とかなり厳しい指摘をしている。三島医師の主張は、

「新選城崎八景」
二見落雁
（町文芸館資料）

温泉や景色など、自然にあるものに頼っているだけで「客扱いの専門業」としての人の努力が足りないということだった。

北但大震災（大正十四年＝一九二五）後、六つの外湯のなかで最後に残った「地蔵湯」が新築落成し、苦難に満ちた復興期がひと息ついた昭和七年（一九三二）、城崎町は日本の造林学の草分けといわれている東京大学の本多静六・林学博士を招き、城崎温泉の発展策についてアドバイスを求めた。本多博士は、林学だけでなく、気候帯区分の権威でもあり、世界各地を歩いた広い視野で別府、有馬、箱根など多くの温泉地に発展策をさずけた実績の持ち主。城崎町は本多博士の提案をパンフレットにして発行、町民の啓蒙に役立てようとした。

本多博士によると、各地の温泉場は「湯治本位から保養本位」に変質し、「健康第一主義」の世の中になった。そこで必要なのは「各種野外運動場」と付近の「山水風景地の回遊道路」だという。骨子は①周囲の山々に遊歩道と公園を整備する ②円山川のモーターボートなど水上遊覧系統を確立する ③テニス、野球、ゴルフ、乗馬など野外スポーツ施設とプールをつくる――などかなり現代的な発想となっている。さらに林学の専門家らしく、周辺の山々を森林公園化するほか、動物園、果樹園、釣り堀づくりも提案している。イメージからすると、四季型観光を目指すいまの神鍋高原と城崎温泉を合わせたような構想だった。

ただしこれらの提案には「当城崎温泉市街以外に於ける四周の改良設備法」という前提があり、温泉街の内部のことについては触れていない。当時、すでに〝内部〟では、すさまじい暴風雨が吹き荒れていた。旅館の内湯設置の是非をめぐって争われた内湯紛争は、泥沼の様相を帯びていた。本多博士が「発展策の要」である内部のことに一切口を閉ざさざるを得なかったのも、このためだったのかもしれない。

内湯紛争

「私は震災で恒産の全部を失ったから、今後はただ営業によってのみ多くの家族を扶養せねばならぬ。それがためには、法律で許される範囲内に於《お》いて自己の有するあらゆる権利を行使して利益を上げる考えである。それがために一部に迷惑を及ぼすかも知れん……共存共栄の

町内を二分して争われた内湯紛争の関連書類（城崎町文芸館所蔵）

実が破壊されるかもしれないが止むを得ぬと思う。私は茲《ここ》に内湯を設置することを発表する」（『石田手記』）

これは、昭和二年（一九二七）十一月、「三木屋」の片岡郁三が、湯島財産区議会で突然表明した〝爆弾発言〟である。片岡はこれだけ言うと、退場した。以来、戦争をはさんで二十三年間、城崎温泉は「内湯紛争」という悪夢にうなされ続けた。四半世紀近くも町が真っ二つに分かれ、訴訟合戦だけでなく実力行使まがいの騒動も含めた争いは、湯島の歴史の中でも初めてのことだった。

外湯（共同浴場）だけでなく、各旅館に内湯を設けることは、大正から昭和にかけて、温泉が湯治場から観光地へと変化する時代の流れだった。北但大震災後の新生城崎にとって、客を呼ぶセールスポイントにもなり得ただろう。内湯は、近代的な温泉に必要な施設となっていた。

城崎温泉は、湯の薬効で庶民に愛され、格式を誇る老舗旅館に著名な文人墨客が泊まることにより、関西の奥座敷にふさわしい一流温泉地に発展した。京都にもひけをとらない優れた客室や庭、書画骨董を持つ老舗は、城崎の顔であり、地域社会に貢献する人材も輩出した。

しかし、明治十四、五年、井上馨・外務卿一行用に「油筒屋」と「三木屋」が設けた内湯はなし崩し的に存続し、一般客にも開放されたため、猛烈な反対運動を呼び、ついに両旅館は折れざるを得なかったように、たとえ土地のいかなる有力者であれ、〝湯島の大義〟としての外湯主義に反対する者は、徹底して排撃された。

「三木屋」が内湯設置を強行しようとした昭和二年暮れ、商店や旅館は震災後の復興のため、膨大な借金をかかえていただけでなく、「地蔵湯」のほか「まんだら湯」「鴻の湯」の泉源が弱り、外湯そのものが危機にさらされていた。時あたかも、関東大震災（大正十二年＝一九二三）の震災手形繰り延べをめぐって、この年の三月、金融恐慌が発生、銀行の破産が相次いでいた。第一次大戦による大好況後の反動恐慌（一九二〇年）、そこに関東大震災が追い討ちをかけ景気はどん底だった。そこに北但大震災が襲った。

城崎駅に汽車が着いても、一人の客も降りない日さえあった。

昭和二年十一月末、片岡郁三から県に内湯設置申請が出されるやいなや、湯島財産区議会は十二月一日の議会でさっそく反対決議をあげ、町当局に対して「湯島区内湯禁止条例」制定を求める建議書を提出し

「新選城崎八景」日和山夕照。内湯紛争が始まった昭和2年の作品（町文芸館資料）

た。しかし争いは、まだほんの序の口に過ぎなかった。

深層

全町から猛反対を受けることを承知で、「三木屋」の片岡郁三はなぜ内湯設置に踏み切ったのだろうか。明治十四、五年の「内湯事件」では、内湯を続けたために「油筒屋」とともに村内対立を招いたことは、郁三の父平八郎（昭和九年＝一九三四没）からも十分聞かされていたはずだ。推測に過ぎないが、「西村屋」の西村佐兵衛が民政党代議士斎藤隆夫の強力な後援者であったならば、片岡平八郎は但馬では圧倒的な勢力を持っていた政友会の中心人物で、当時の政友会代議士若宮貞夫の後援会長だった。

片岡は、但馬だけでなく県政にも強い影響力を持っており、城崎では孤立しても、県の認可事項である温泉利用に関する取り決め（大正九年、県令四十二号鉱泉地区取締規則）は、自分に有利な解釈に持ち込める――というヨミがあったのかもしれない。

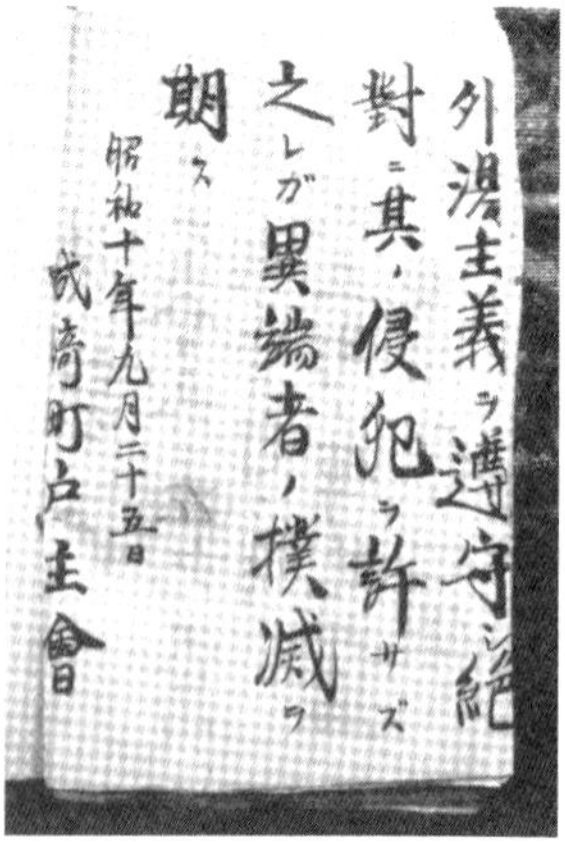

昭和10年、城崎町戸主会の内湯反対決議書（町温泉課資料）

事実、片岡郁三が内湯設置申請を出した翌年の昭和三年、県は一度は内湯設置を二年間停止するように指令したにもかかわらず、同年六月、県は突然片岡に内湯の上屋建築許可を出した。このため、西村佐兵衛町長をはじめ、助役や町会議員の多数は辞表を提出、あわてた県は臨時に町長職務代理者に役人を派遣した。

このあたりの事情について、城崎の内湯紛争を法律面から研究した東大名誉教授川島武宣の『温泉権の研究』では、「一説には、県知事に対する当時の政党政治をめぐるMの運動の結果によるものともいわれているが、また一説には当時の町長でMの営業上政治上の対抗者であるNが、内心では内湯設置を望むあまり陰で協力支援したともいわれている」と二説を紹介している。Nは西村佐兵衛以外に考えられず、その「西村屋」は敷地内に江戸時代の「陣屋」以来の泉源を持っていた。

内湯紛争は、さらに深刻化する。昭和十二年一月発行の『月刊但馬』は、内湯反対の立場でこの紛争を論じているが、昭和三年三月三十一日に開かれた内湯反対町民大会の様子をこう活写している。

「大会の光景は言ふまでもなく烈火の一団であった。弁士、熱腸の迸《ほとばし》る所、舌端火を吐くの概を以って内湯出願者の肺腑を貫き……財閥横暴の非を痛撃し……」

大震災後の復興の槌音《つちおと》は、しばし内湯反対の叫びにかき消された。

訴訟合戦

内湯紛争では、「三木屋」片岡郁三側と湯島財産区（管理者は城崎町長）側がそれぞれ訴えを起こした。昭和二年十一月、片岡が内湯設置申請を県に出した後、兵庫県は翌三年湯島側の激しい突き上げを受けて、五年三月末日までの二年間、「三木屋」の泉源の浴客用使用を停止処分した。県は途中、片岡の内湯上屋建築申請を許可したため、町長らが辞職するという事態を招いたり、県警察部長が調停に乗り出したりしたが、停止処分の期限の五年三月、次は「当分の間停止処分をなす」という指令を出した。

内湯設置をあくまで求める片岡は、ずるずると引き延ばされることにしびれを切らし、同年五月、県の処分を不当として県知事を相手ど

城崎町戸主会が作った内湯反対のステッカー（町温泉課資料）

り行政訴訟を起こした。もしこの訴訟で県が負け、内湯が認可されれば現実的に不利益を被る湯島区は、翌六年、県知事と並んで被告側に参加、さらに湯島区は八年五月、片岡を相手どって個人の土地にある泉源であっても、温泉の権利は区有であること——などの確認を求め、民事訴訟を提起した。湯島はまず、片岡が県に売ったけんかを買って出て、その行政訴訟の審理経過が思わしくないことを知ると、次は新たな訴えを起こし、不退転の決意を示した。

「三木屋」とその勢力下の旅館や商店と反対派の対立、抗争は日ましに激化した。「三木屋」に出入りする商人らを、近くの山から監視したり、内湯反対のステッカーを門に張らせ、反対派に属していることを証明させるなど、反対派による賛成派への迫害は家族だけでなく、子弟にまで及んだ。

行政訴訟の判決は昭和十年（一九三五）九月に宣告され、片岡が勝訴した。戦前の行政訴訟は軍法会議と同じく、第一審が最終審で控訴はできなかった。反対派は激怒した。宣告の直後、町当局は公会堂に各戸から世帯主を一人ずつ集めて戸主会を開き「温泉立町ノ伝統精神ニ則《のっと》リ泉源権ノ確保ト外湯主義ヲ遵守シ絶対ニ其ノ侵犯ヲ許サズ異端者ノ撲滅ヲ期ス」という決議を挙げた。戸主会では「内湯を根本より掃滅するには血の雨を降らさねば到底根絶することは出来ぬ」など、激しい演説が相次いだ（『城崎温泉史料集』）。

翌十一年二月、宿屋組合は「三木屋」を除名、同年四月一日夜、公会堂で開かれた内湯反対町民大会で反対運動は頂点に達した。血気にはやった反対派が町内の電源を止め、全町を闇にしたうえ「三木屋」を襲撃、事前に警備していた警察隊に阻止され、ついに逮捕者を出した（四・一事件）。

一方、民事訴訟も片岡の勝訴となり、湯島区は即控訴。しかし、戦時民事特別法によって調停工作が進められたが決着を見ず、戦後の和解まで二十三年に及ぶ対立は続いた。

震災、復興、内湯紛争そして第二次大戦――。古来から薬効をめでられ、人々に愛された湯に、運命は過酷だった。

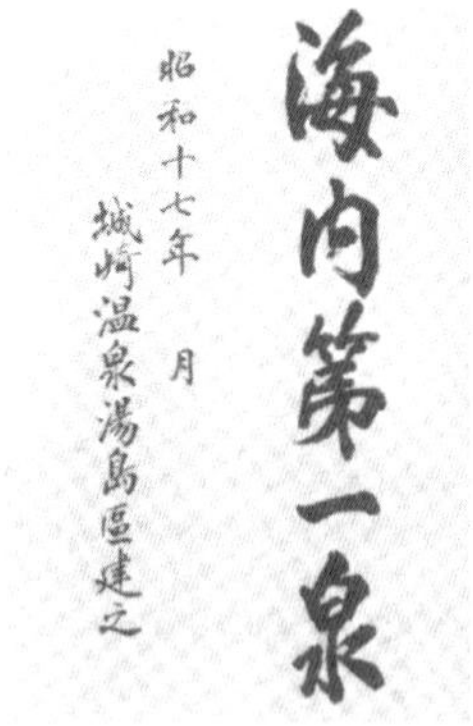

藤浪医師が書いた「海内第一泉」（町温泉課資料）

大戦下

震災後の城崎は、着々と関西の奥座敷としての地位を回復しつつあった。童謡・民謡作家の野口雨情は、昭和初年に訪れ、「但馬城崎温泉街は柳桜の軒つづき　ハア城崎ア粋だよ泊るによいとこソレよいとこな――」で始まる「城崎温泉節」を残したし、島崎藤村『山陰土産』や吉井勇『城崎旅情』、白鳥省吾『蟹鍋《かになべ》の讃』など作家、詩人も相次いで来遊、文学の舞台としても城崎はよみがえりつつあった。

しかし、浴客数は、満州事変前々年の昭和四年（一九二九）約十九万五千人をピークに減少し、同十三年には十万人を割って約九万人となってしまった（『城崎町年表史』）。十四年四月には「いとや旅館」（同旅館はその後、植村医院となり、平成六年＝一九九四、跡地を町が購入、同八年三月、いまの「城崎町文芸館」がオープンした）に傷病軍人の療養所が開設されるなど、外からはいつ終わるともしれない戦争、内からは内湯紛争の板ばさみとなって、湯の町からにぎわいは消えていった。

「一の湯」前の碑

いま「一の湯」横には、江戸時代に城崎温泉を日本一とたたえた時の名医・香川修庵をしのんで「海内第一泉」と書かれた石碑が建っている。これは昭和十七年に建立される予定だったが、戦争のために中止された。「海内第一泉」の文字を書いたのは、わが国のレントゲン学会の草分けであり、日本温泉気候学会の創立に尽力した藤浪剛一医師。藤浪医師は、この字を書いた同十七年、石碑の完成を見ずに六十二歳で他界した。「海内第一泉」の文字は、二十年も眠り続け、日の目を見たのは昭和三十七年（一九六二）だった。

昭和十九年一月十七日の湯島区会議事録は、泉源から出た湯を各外湯にくみ上げる動力そのものが、危機にさらされたことを伝えている。

（議員）「温泉の機械動力に付ては、電力、石油、木炭はすべて制限を受けたるので完全に使用が出来ません。オガ屑《くず》を利用する方法を考究されてはいかがですか」

（原隆三助役）「オガ屑に付ては研究してみましたが、浴場機関室が狭いため、不適当であり、またガスの発生も完全でないので木炭ガスの方にしました」

昭和14年「いとや」に開設された傷病軍人療養所。終戦の年の4月には「ゆとうや」や「三木屋」も傷病兵の療養所となった（町温泉課資料）

（議員）「薪《まき》の三寸（約十センチ）位に切ったものを使用してはいかがですか」

こうした問答が繰り返された。また同年二月二十四日の区会では、電力節減のため「地蔵湯」「一の湯」「御所湯」の上等湯の終夜営業を中止し、午前五時から午後十一時半までとすることを決めた。外湯の終夜営業は、震災後の昭和三年、浴客へのサービスのために始められたが、戦時統制の壁には勝てなかった。同年七月には、前線の兵士に飛行機から落とす食糧補給用に、各家庭で柳行李を生産するようになり、城崎温泉も非常時一色に塗りつぶされていく。

同十九年度の浴場収入は、前年度より四千七百円余り減り、六万九千九百五十七円に落ち込んだ。旅館や商店も開店休業状態で、昭和五十七年（一九八二）当時、九十歳だった元町長の伊賀市太郎は「毎日カボチャやイモをつくるのに追われていました。松から油を採ったり、津居山まで行って海水を煮つめ、塩もつくりました。あのころは商売もなり立たず、どうやって生活していたかわかりません」と回想していた。

「新選城崎八景」
絹巻夜雨

敗戦の日

昭和二十年（一九四五）七月二十六日、城崎町議会。敗戦まであと二十日。役場二階議会事務局に眠る当時の議事録のインクは薄く、字体もどことなく弱々しい。戦時中最後のこの議会では、地方自治体の末期症状ともいえる議案が可決された。

まず、幼稚園の廃止、さらに町民の衣料や生活必需品を保管する倉庫建設、製塩施設充実などであった。幼稚園廃止の理由は「戦局の急進展に鑑《かんがみ》み、幼児を集団保育する事は極めて危険状態」となったという、米軍による空襲を予想しているかに思える。同じ理屈で通すなら、小学校も同じように危険であったし、町民の生活物資の保管倉庫も必要なく、各家に分散していた方が空襲による被害も少ないはず。議事録は提案と「満場異議なし」の要点筆記だけなので、どのような討論があったか不明だが、幼稚園廃止については、敗戦後初めて議事録に記録されている同年九月十三日の町議会で真相が明らかになる。

「幼稚園はいつ再開するのか」という議員の質問に対し、町当局側

日露戦争以来の戦没者を祭った
忠魂碑（城崎町湯島の弁天山）

は「早く再開したいが、県の疎開物資が充満していて片付けてからでないと再開できない」という意味の答弁をした。つまり、敗戦直前、幼稚園は物置となったため、授業ができないから廃止されたようだ。

城崎温泉が敗戦を迎えたとき、温泉街は事実上病院だった。昭和二十年四月、「ゆとうや」に舞鶴海軍病院、「三木屋」に姫路陸軍病院のそれぞれ城崎分院本部が置かれ、本部は軍医の部屋や診察室、手術室などに占領された。各本部を中心に、周辺の旅館は病棟となり、白衣の傷病兵が寝起きしていた。

同年八月十五日、この日は昼に重大発表があるというので「三木屋」の前には傷病兵や町民が集合していた。「三木屋」では、ラジオからコードを引いて玄関に拡声機を据え付けていた。正午、雑音まじりの玉音放送は、戦争のあっけない幕切れを告げた。その日城崎はため息にも似た静けさに包まれていたという――「三木屋」片岡真一（七十歳＝一九八二年の取材当時）の話。

旧城崎町（湯島、桃島、今津）から出征した兵で、帰らぬ者百六十三人。また二十年五月十四日には、学徒勤労動員で城崎町楽々浦へ薪集めに来ていた豊岡中学校（現豊岡高校）の生徒が乗った円山川の今津渡し船が転覆、六人が死亡するという痛ましい事故もあった。

同人クラブ

敗戦で城崎温泉にも平和が訪れた。思えば昭和になってからの二十年間、温泉地としての安らぎの日は一日としてなかったのかもしれない。大正十四年の大震災、復興、内湯紛争、第二次大戦——天変地異や内外の動乱の連続。傷病兵が引き揚げた後には、ジープに乗った進駐軍が城崎にも入ってきた。『城崎町年表史』によると、その日は昭和二十年十一月三日となっている。

進駐軍は「三木屋」を本部として三十—四十人が二—三週間滞在、道路の状態や民生の調査が目的だったらしい。米軍は比較的規律ある行動をしていたというが、女性をジープに乗せ、日和山へ向かう途中岩に乗り上げてひっくり返り、米兵は死亡し、女性も重傷を負った——という事故も起こした。温泉街の一角の新地にあった「赤線」地帯は、進駐軍対策として県の指導で神戸の売春業者が始めたという。

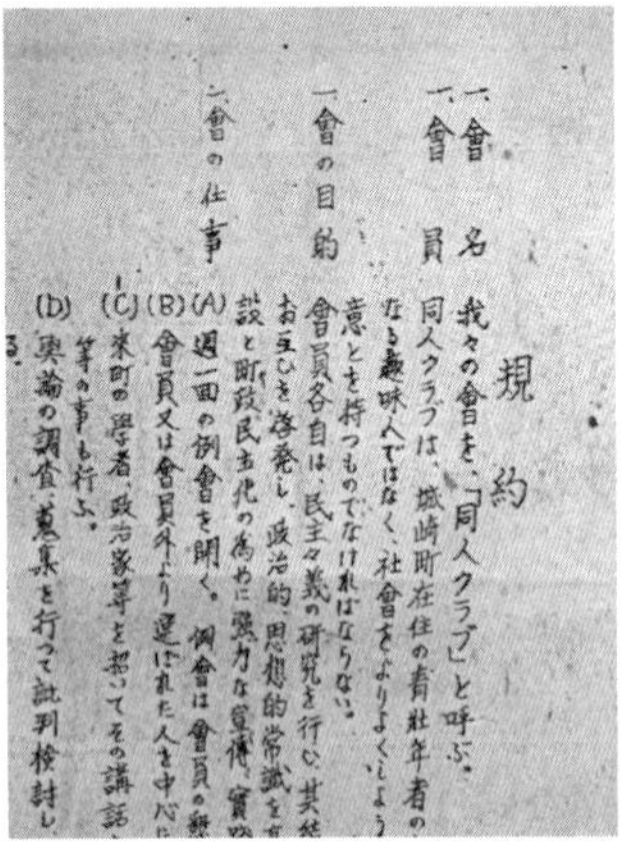
規約
一、會名　我々の會を「同人クラブ」と呼ぶ。
一、會員　同人クラブは、城崎町在住の青壮年者の
なる趣味人ではなく、社會をよりよくしよう
意とを持つものでなければならない。
一、會の目的　會員各自は、民主々義の研究を行ひ、其
お互ひを啓発し、政治的、思想的常識を
設と町政民主化の為めに強力な宣傳、實践
一、會の仕事
(A) 週一回の例會を開く。例會は會員の
(B) 會員又は會員外より選ばれた人を中心に
(C) 來町の學者、政治家等を招いてその講話
等の事も行ふ。
(D) 輿論の調査、蒐集を行って批判検討し
る。

「城崎同人クラブ」の規約。透き通るような紙にガリ版印刷されていた

城崎でも、新時代への動きに敏感な対応をした人々がいた。敗戦から半年後の昭和二十一年二月、「城崎同人クラブ」が誕生する。この組織は、当時司法書士をしていた岡下衛（昭和四十年＝一九六五、五十八歳で死去。現在「岡下文泉堂」）や「三木屋」の片岡真一、「うめや」の塚本俊三（平成四年＝一九九一、八十五歳で死去）らが呼びかけた。規約には「城崎町在住の青壮年者の自由な結合であるが、単なる趣味人ではなく、社会をよりよくしようとの積極的な意志と熱意を持つものでなければならない」「新日本建設と町政民主化の為めに強力な宣伝、実践を行いたい」としていた。

片岡や塚本によると、会員は四十歳前後の約二十人。毎週日曜日の夜に例会を開き、新思潮の雑誌の回し読みのほか、社会党の河上丈太郎を招き話を聴くなどの活動をした。また、戦後、公然と活動を開始した共産党の影響もあり、党員もクラブ員となっていた。共産党の町会議員だった古池信一（平成十二年＝二〇〇〇、八十八歳で死去）は二十一年二月ごろ入党。同人クラブにも入った。古池によると米軍はクラブの動向に注意を払っており、神戸から電話をかけてきて会合の内容を探ったという。古池は昭和二十三年、町長選挙に立候補するが

「クラブは共産党の支持団体か」などの批判を受け、自然消滅した。

城崎町は小学校、中学校とも一校ずつで、全員が先輩後輩関係。しかも温泉のある湯島地区には秋祭りや冠婚葬祭をつかさどる同年配男子の特異な組織「連中」があり、古くからの「親方、小方」関係も張りめぐらされている。「城崎同人クラブ」のように新しい町づくりをめざした同人組織は、戦後の町内に民主化の種をまいたものの、なじみにくかったのか。

俳人町長

昭和五十年代まで、城崎の芸者衆が三味線を持つと好んで歌った「城崎さわぎ」と「城崎小唄」。歌いやすい節回しと優しい湯の町情緒で、一杯機嫌の泊り客が夜を楽しむのに、もってこいの歌となっていた。

城崎のご当地ソングには、この二曲に先立ち、北但大震災（大正十四年＝一九二五）の直前にできた「城崎節」がある。『石田手記』は大阪の長唄の家元が作ったと伝えるが、城崎の「サワダ書店」沢田清左

西村　方壷

衛門（昭和五十一年、七十四歳で没）・まつ（同三十六年、六十六歳で没）夫婦の合作との説もあり、同書店には、まつの源氏名《げんじな》「富勇」歌のレコードが残っている。今日の歌謡曲と比べると、「城崎節」は長唄調の難解さにたじろぐが、はるか大正ロマンの香りが濃い。

「さわぎ」や「小唄」の作曲者は、お茶屋「向陽楼」先々代のおかみ木瀬のぶ（昭和四十年、九十歳で没）。作詞者は俳人・西村方壺《ほうこ》。「向陽楼」は言い伝えによると、旅館「油筒屋」の西村一族の家来として、江戸初期に城崎へ落ちのび、お茶屋を始めたのは百九十年前という。初め「若松屋」の屋号だったが阿波（徳島県）二十五万石の蜂須賀公がお忍びで湯治に来た時、「向陽楼」の名を付けてもらった。

作詞者の本名は、西村六左衛門（十二代目）。「ゆとうや」の主人で、昭和二十三年から、内川村との合併で新城崎町の誕生（昭和三十三年）をはさみ、十年間町長を務めた。明治二十一年（一八八八）、出石郡合橋村（但東町）生まれ。早稲田大学を卒業、雑誌記者を経て「油筒屋」の養子となった。俳人・松瀬青々に師従し、若いころから俳句を始めた。晩年、衰える視力と戦いながら句集『土筆屑《つくしくず》』を発表、昭和四十八年（一九七三）、八十五歳で他界した。

「城崎小唄」

一、花は湯島の東山　川にうつるはおぼろ月　ちょろちょろ　ちょろちょろ　小波よす

一、螢《ほたる》とぶ夜は湯島へおいで　闇にも知るるせせら川　ころころ　ころころ　河鹿《かじか》なく

一、月は湯島の川べにおいで　尾花にかかる秋の月　きらきら　きらきら　波のよう

一、雪にうれしき今津の里は　送り迎へり渡し舟　ちよちよ　ちよちよ　千鳥なく

この歌には「ヨイヨイ」という合いの手が入る。耳にすると、しっとりとした艶っぽさが忘れ難い。

和解

戦前からの内湯紛争で争われた行政訴訟と民事訴訟では、なぜ内湯

内湯紛争の和解に当たり「三木屋」で撮影された記念写真。前列左端が片岡真一、右隣が西村町長（町温泉課資料）

設置を正当とする「三木屋」が勝って、湯島財産区は敗れたのだろう。裁判の最大の争点は、城崎の外湯（共同浴場）主義に法的な拘束力があるかどうか、つまり温泉は個人が自由に利用できるのか、部落（湯島区）の共有財産かどうか——という点だった。

戦前に出た湯島区敗訴の判決に対し、裁判の成り行きを注目していた当時の法曹界は、批判的な意見を持っていた。昭和十一年（一九三六）版『法律年鑑』（日本評論社）でも「地方的に非常な紛擾《ふんじょう》をまき起こし、関心の焦点となっていた」この判決には「美濃部博士も反対されているが……従来、区の公有と考えられていた温泉の慣習法上の地位を否定するに、余りに急いだ嫌いは免れ得ないのではないか」といっている。美濃部博士とは、天皇機関説を唱え不敬罪に問われた進歩的な憲法学者で貴族院議員の美濃部達吉のことだった。

また家族制度の研究などで業績を残した民法学者・川島武宜（東大名誉教授）も、行政、民事の二判決について「慣習規範の判断にあたり問題の基本的な理解に欠けていた」（『城崎温泉史料集』）と、戦前の法曹界が慣習法の扱いを軽視していたことを指摘している。

こうした指摘を受けながらも、「三木屋」の内湯設置は二つの裁判

で認められ、民事訴訟は湯島区側の控訴、さらに昭和十九年の戦時民事特別法による戦時調停へと持ち込まれたが、城崎にとって画期的な調停が成立したのは、同二十五年（一九五〇）三月だった。その内容は川島が「城崎温泉の実態を知らない外部者にとっては、想像できないこと」（同）といっているように、「三木屋」は二つの裁判で勝ってきたにもかかわらず、湯島区側の主張をほぼ全面的に認めて和解したのであった。内湯不慣行、外湯主義という〝湯島の大義〟は判決をはねのけ貫かれた。

父・郁三から裁判を引き継いだ「三木屋」側の当事者片岡真一は「戦争で負けたこともあり、早く争いを終わらせたいと思いまして……。当時の町長（十二代西村六左衛門）も、新泉源の開発に意欲的で、新しい方向をさぐらねばならない時期でした。あの争いは悪夢でした」と生前、言葉少なに語っていた。真一は東大法学部卒。東京都庁に入り「将来の副知事の器」といわれたが、家業を継いだ。平成九年（一九九七）二月十二日、永眠。八十五歳だった。

和解に当たり、湯島区側も外湯一辺倒ではなく、内、外湯併設の必要も痛感していた。和解は、地下深く走る新泉源への新たな挑戦の始まりであった。

荒廃した泉源

三方を山に囲まれた狭い谷間で、千年以上も湯の営みを続けた城崎温泉に、新しい泉源はあるのだろうか。まさに雲をつかむような話だった。戦後の町政立て直しと、戦前から続く内湯紛争の解決を最大の課題として、俳人町長西村六左衛門（十二代）がかつぎ出されたのが、昭和二十三年（一九四八）。西村は以来、俳句と遠ざかり新泉源を求める〝穴掘り町長〟に変身する。

同二十五年三月、「三木屋」片岡真一との和解に際し西村は「今後十年以内に温泉街に内湯をつくる。このため、全旅館に配湯できるだけの新しい泉源をさがす。もし出なかったら三木屋の内湯もあきらめてほしい」と、片岡に持ちかけた。訴訟に勝った片岡としては受入れ難い案だったが、町の発展と平和のため、彼は承知した。

町温泉課資料によると、同二十六年の調査で城崎の泉源数は四十一

かつて「鴻の湯」用に
使われていた泉源。
今は休止している

（湯島財産区有二十八、私有十三）。うち利用できる泉源は十六で、一日の総湧出量は七百七十三トンだった。しかし、西村町長がめざす「十年以内の内湯実現」をしようとすれば、従来の倍近い一日千四百トンの湯量を確保しなければならなかった。

しかも城崎の泉源は、かなり荒廃していた。江戸時代以来の湯治場から、明治四十二年（一九〇九）の山陰線開通などにより、観光地として城崎が発展するにつれ、増加する客に湯量が追いつかなくなっていた。大正時代には第一次大戦後の好景気により京阪神方面の富豪による泉源乱開発もあって、「地蔵湯」などの温度低下、湯量減少など、温泉場として事態は深刻だった。

現に昭和五年（一九三〇）には、推定で八十八カ所も泉源があり、一日の総湧出量は七百二十五トン。同二十年には、泉源数は四十八、一日の総湧出量は七百トン、うち利用できる温度の湯は五百五十トンにまで減少していた。どの泉源も、井戸程度で、直径十センチ余りの竹管を地下二十メートル前後の深さに埋め込んだだけだった。幅約二百メートル、長さ約一キロの温泉街のあちこちに泉源が掘られ、一方が出なくなるとまた別を掘る。地表近くに湧くせいぜい一日七百トンの湯をめぐり、いたちごっこが繰り返されていた。

同二十五年、中央温泉研究所地質調査部長で早稲田大学講師の小林儀一郎は、町の求めに応じて地質調査をした結果、このままでは「温泉全体の潰滅を招くに至るやもしれない」と警告を発した。

伝説への挑戦

「三菱や川崎（重工）の技師ならまだしも、あんな若い者に温泉が見つけられるものか」。昭和二十年（一九四五）十一月、温泉の電動ポンプ技師として役場入り、同二十一年、役場温泉課新設とともに同課員となった住吉正一に、浴びせかけられる言葉は厳しかった。コウノトリや道智上人による温泉発見は、千三百年も昔の伝説の世界。新泉源探しは、その伝説への挑戦でもあった。

住吉は、城崎郡竹野町生まれ。神戸の川崎重工艦船工場電気部の技師として軍艦などの電気系統の設計に携わった経験から、終戦前には百二十人の職工を指導する立場にあった。温泉とはまったく畑違いだ

昭和26年（1951）7月、一の湯前で行われた1号ボーリング（町温泉課資料）

ったが、住吉はまぎれもなく「川崎の技師」だった。

戦後、帰省していた住吉の役場入りは「ポンプの修理に三カ月だけ」という約束だったという。川崎での月給が百三十七円。役場だと六十五円。当時、温泉の担当者は助役の下に二人いるだけで、深刻だった「地蔵湯」の温度低下対策などに走り回った。昭和四十五年に退職するまで、温泉一筋の四半世紀が始まった。

「地蔵湯」の泉源問題を解決した二十五年、内湯紛争和解とともに町の「新泉源掘削拡充計画」がスタート。当時、中央温泉研究所の小林儀一郎や住吉は「地下の岩盤の亀裂から表面の沖積層に湧き出る湯量は、一日七百トン程度と限られている。岩盤をうがつボーリングをすれば、必ずその倍程度の新泉源は得られる」との自信を持ち始めていた。

まず小林の指示で同二十六年七月一日「一の湯」前で第1号ボーリングが始まった。掘削機のダイヤモンドの切り刃は、二カ月がかりで百五十一・八メートルの地下まで進んだが、わずかのぬるま湯を得ただけ。同年十月二十一日から同じ「一の湯」前で始まった第2号ボーリング。地下百二十メートルからは、三八度のぬるま湯が毎分三十八

昭和20年代後半、向陽楼前（城崎郵便局向かい）で行われたボーリング（温泉課資料）

リットル出ただけだった。

二本のボーリングで、二百万円の予算が地中に吸い込まれ、逆に町民の不信感が湧き出た。この年完成した城崎中学校講堂の総工事費が三百二十万円。外湯の入浴料が大人二円の時代。「ほんとうに湯はあるのか……」。住吉らの苦悩は深かった。

新泉源

1、2号ボーリングの失敗で、町長西村六左衛門は腹をくくった。掘削を業者に任せず機械を購入して町直営ボーリングをする――。このような試みは当時、全国にも例がなかった。西村は、岸田幸雄知事と交渉して二百万円の補助を引き出した。町内の旅館には一軒当たり無条件で五万円の提供をよびかけ、四十軒が応じた。昭和二十七年（一九五二）六月、町は東邦A・U4型回転衝撃式試錐《すい》機を買った。電動十馬力、掘削能力は二百メートル。A・U4型には、町の将来が託されていた。

新泉源第1号となった御所湯裏の3号ボーリング地点。現在もこの泉源は生きている。手前の杭は、平成17年に完成する新御所湯の泉源地点

一方、町は中央温泉研究所の小林儀一郎、京大の熊谷直一、初田甚一郎、瀬野錦蔵ら第一線の研究者を動員。丹後・木津で温泉開発した東京の日本地裂温泉研究所長・三雲康臣も加わった。この三雲は油田探しなども手掛けた男で、誰にも絶対に見せたことのない特殊な〝探査機〟を持っていた。二本の棒が突き出ていたともいう。背広姿で山を歩き地下の湯脈の上を通ると「電流を感じる」という謎の男。山師などとも呼ばれたが、学者とは一風変わった方法を持っていた。

1号ボーリング着手から丸一年。二十七年七月二十二日、「御所湯」裏山で3号ボーリングが始まった。位置の決定にあたり、住吉は学者と三雲らの意見を総合した地点から、独自の考えで十メートルずらしたという。試錐機は、硬い岩盤に切り刃をうずめて行った。地下四十メートルで、地温計は五四度を示した。失敗した1、2号ボーリングとは、明らかに違っていた。五十メートルで五八度、六十メートルで六一・五度。

八月二十七日、切り刃の先端は地下七十四・八メートルの湯脈にぶち当たった。六七度の含塩化土類食塩泉が毎分八十リットル噴き出し、A・U4型機の根元には、見る間に湯だまりが出来た。町長室から西

村が、「三木屋」から片岡が飛んで来て、あふれ出る湯を見ていた。以来、三十一年一月には、城崎中学校バックネット裏の9号ボーリングが有力な湯脈を探り当てたほか、四十七年までに同校校庭裏山の12号ボーリング、ロープウェー西側の15号ボーリングが次々に成功した。

住吉は、平成十二年（二〇〇〇）二月十七日、八十五歳で亡くなった。

集中管理

いくら「科学を信じる」とはいっても、相手は深い地中の世界。当時、温泉探しのボーリングは「五本に一本当たればいい方」と言われていたほど。出石郡但東町でも、昭和五十年代中ごろ、三本のボーリングが打ち込まれたが、失敗した。しかし城崎は、ボーリングによってかつてない高温、多量の泉源を確保することができた。

内湯紛争の和解が、城崎の伝統精神である共存共栄を再確認し条例化した精神面、法制面での到達点であったとすれば、新泉源の開発成

昭和31年10月12日、初めて実現した内湯配給を祝う「内湯まつり」（温泉課資料）

功は、湯という温泉地にとって根本的な資源面での「安全保障」といえる。

合理的、効果的な温泉の利用法として全国の手本となっている城崎の「集中管理システム」は、この両者の産物だ。温泉の利用権は湯島財産区で管理し、湯は一カ所に集めて配湯する――というこのシステムは、権利と湯の両面の集中管理＝「城崎方式」と呼ばれた。昭和四十三年（一九六八）、日本温泉協会第二十回総会は城崎で開かれ、東大法学部教授（当時）の川島武宜は特別講演で城崎方式を「非常に面白い」「日本でも唯一の例」と絶賛した。

集中管理による配湯は同三十一年十月、まず四十軒の旅館へ。四十年十月の第二次配湯で二十七軒増え、六十七軒が内湯旅館となった。当時は、内湯を必要とする旅館のほぼ百パーセントに内湯が実現したといわれている。この時点では、二カ所の集湯槽で湯を五四度に調節し、数地区に分散配湯する「魚骨方式」を採用、外湯七カ所と六十七軒の旅館へ一日の総湧出量千二百トン全部を配湯していた。流すばかりの一方通行で客が少ない時間帯は、不用な分をたれ流していた。

しかし四十七年に実現した循環方式による配湯は、まず「鴻の湯」

集中管理の配湯所とタンク（左の木のうしろ）

裏に百八十トンの貯湯タンクを設け、各泉源からの温泉を集中する。タンクから出発する総延長約四・四キロの配湯管はタンクから出てタンクに返る。配湯管の途中から七つの外湯と九十軒の旅館へ給湯管が延びており、湯が必要なときに利用者は水道をひねるようにして浴槽に湯を入れ、不要なときは、湯はタンクに返り、貯められる。タンクの湯量に応じて、泉源からの集湯も調節される。循環による温度低下は無視できるほど。

この方式により、一日千二百トン使っていた湯量は、七百トン余りで済み、泉源保護の面でも画期的な成果を挙げている。この方式は、山口県の湯田温泉をはじめ、昭和五十七年六月から家庭への温泉配湯を始めた美方郡浜坂町でも採用されており、みな〝城崎の教え子〟である。

新地のたたずまい

新地

昭和三十年（一九五五）二月、城崎町は南隣の内川村と合併して、〝新城崎町〟となった。翌三十一年には、第一次内湯配湯工事、「一の湯」新装、城崎大橋が相次いで完成、十月十二日には「三大事業完成祝賀式」が城崎小学校で開かれ、大仮装行列が温泉街を練り歩くなど町内はお祭りムードに包まれていた。しかし、この年五月に成立した売春防止法により、城崎の「赤線」新地は、二年後に迫る同法施行を前にして、表情は複雑だった。

新地は、字の通り大正十四年の北但大震災後に生まれた一角。表通りに旅館を並べ、飲み屋やお茶屋は裏通りに集中させる——という震災後の復興計画の産物だった。風俗営業を営む者が、地震当時は田んぼだった新地にトロッコで土を運び街をつくったという。戦前は十二軒のお茶屋などが並び、木屋町とともに城崎の歓楽街となっていたが、時代の波にほんろうされた。

戦後、占領軍は公娼制度廃止の指令を出したものの、大量の米軍兵士を考慮して事実上黙認していた。政府も必要悪の名の下に、貸座敷

「新選城崎八景」（昭和2年）の津居山帰帆。旧港村の津居山は古来から城崎と一体のエリアだった

を特殊飲食店と改めただけだった。このため、江戸時代から遊廓で栄えた「日本三原」――吉原（東京）、島原（京都）、福原（神戸）などは代表的な赤線地帯となった。城崎では戦後間もなく兵庫県警本部が町の幹部に働きかけ、新地を赤線地帯とするようあっせんしたという。

昭和二十五年の朝鮮戦争による特需景気のころから、新地のにぎわいは頂点に達し、「新地組合」に加盟する十五軒で約八十人の女性が働いていた。当時の料金は、二円から五円程度。人のすれ違いが窮屈なほどの混雑ぶりだった。

ところが、三十三年三月三十日をもって売春防止法が施行され、全国一斉に赤線の灯は消えた。十年余り前に、米軍対策として新地につくられた赤線は、県警の取り締まり対象となった。城崎に暴力団がはびこり始めたのは、売防法施行の後だった。「やりたくて始めた商売ではなかったんです。町の人には、新地を特別な地帯としてさげすむ者もいました。いま〝色気がないから客が来ん〟などという声を聞くと、何とも言えない気持ちになります」――。昭和五十年代後半の不況期に、城崎の裏面史を、ある関係者はこう語った。

特急「まつかぜ」初運転の日、城崎駅で行われた祝賀会（城崎温泉観光協会提供）

つぶれた合併

豊岡市を過ぎて円山川沿いに北上すると、城崎町湯島に城崎温泉がある。旅行者はここで一泊し、翌日はさらに北の但馬海岸・城崎マリンワールドへ行く。そこは豊岡市瀬戸。豊岡の市街地と瀬戸などの港地区は、円山川右岸でかろうじて地続きになっているもののまるで〝飛び地〟のようで、交通網からすれば、豊岡市街―城崎町―同市港地区という不自然な並び方が、地理的な実感となっている（表紙裏の地図参照）。

同市と旧港村との合併は昭和三十年（一九五五）四月。当時自治省は「最悪の合併例」と嘆いたという。同二十八年の町村合併促進法により、二十九年四月、兵庫県は城崎、内川、港の三町村合併案を提示した。これに先立ち、港村は豊岡市と城崎町の両方から合併の申し入れを受けており、港村は「大きく合併することを理想」として豊岡市を選んだ（『港村史』）。城崎は最後まで三町村合併を望んだが、三十年二月、内川村との合併に終わった。その後、豊岡からの合併申し入れに対し城崎側は、三十一年八月、新町建設町民大会を開き「豊岡市との合併は、絶対に反対」という決議をした。この決議文には全有権者の九八％に当たる三千人余りが署名した。

城崎と豊岡と対抗意識の根は深い。『城崎町史』（一九八八年）は、江戸時代、長らく幕府直轄の天領だった城崎（湯島村）の人たちは、「小藩私領」の農民を見下げる風があり、「『小藩豊岡町民と久美浜代官天領の湯嶋人との間にもそのような気配があった』とは、古老の語りぐさとしていまにも残っている」と記述している。

三十六年十月一日、山陰本線初の特急「まつかぜ」（大阪―松江間）の運転が始まったが、停車駅をめぐって城崎と豊岡は大ゲンカを演じる。結局下り列車は城崎、上り列車は豊岡に止まる――という変則案でスタートした。当時の国鉄福知山鉄道管理局（JR西日本福知山支社）は、当初「まつかぜ」の停車駅を上下とも城崎としていたところ、豊岡が兵庫五区選出の代議士を動かして原案を曲げさせたともいわれている。

鉄道をめぐる豊岡と城崎のトラブルは、大正から昭和の初期、宮津線（いまの北近畿タンゴ鉄道）の山陰本線との接続駅をめぐっても展開された。この場合も、当時の鉄道院は、丹後・久美浜から城崎駅へと接続させるプランを持っていた。豊岡は猛烈な反対運動を展開、ついに政府原案を覆した。

昭和五十年代には、豊岡市小島の屏風が浦（旧港村）に、同市が誘致した簡易保険事業団の保養センター問題が起こった。城崎温泉は「行政区画は別でも目と鼻の先に公営宿泊施設ができ、民業を圧迫することは認めない」と十年越しの反対運動を続けた。結局五十七年（一九八二）四月、客室を大幅に減らすことで、城崎は「やむを得ない」と矛を収めた。

昭和30年（1955）ごろの杉本商店。桑細工の看板が見える

滅びた桑細工

昭和三十九年（一九六四）九月十二日、桑細工師・杉本富五郎が六十八歳で亡くなった。日本脳炎だった。彼は、城崎温泉在住の最後の専業細工師だった。自分の仕事に満足することは、ついになかったという。

昭和五年（一九三〇）の「城崎町勢一覧」物産品売上総額によると、

杉本富五郎（右）・ゆう（左）

「麦稈《ばっかん》細工品」五万一千二百円、「桑木細工品」四万二千五百円、「塗《ぬり》櫃《びつ》」八千五百円、「陶品及竹細工」九千円、「菓子」一万一千五百円——となっている。桑細工は、すずり箱やはし箱、茶だんすなどに人気があり、麦わら細工と並んで城崎を代表する土産物だった。

大正から昭和にかけて、たびたび城崎に来遊した志賀直哉は『城の崎にて』と並ぶ代表作『暗夜行路』の中で「一の湯というあたりから細い路を入って行くと、桑木細工、麦わら細工、出石焼、そういう店々が続いた。殊に麦わらを開いて貼った細工物が明るい電灯の下に美しく見えた」と書いている。陸軍大将・乃木希典は日露戦争後来遊した際、職人が店頭で作る麦わら細工に見入って「美なものができるのう」といって感心した、という話が伝わっている。

桑細工と、きらびやかな光沢ときゃしゃな味わいのある麦わら細工は、城崎の土産物の王座を競ったが、まったく対照的な工芸品だった。桑の光沢はどこまでも深く、趣は侘《わ》び。しっかりした手ざわりが桑独特の木肌から伝わって来る。使うほどに光沢は増し、寸分の狂いも生じない精緻さ。光による退色、湿気によるはがれなど、麦わら細工の泣き所は、桑細工には無縁。実に但馬的な工芸品といえた。

杉本富五郎が作った抹茶道具入れ。半世紀を経ても木目がつややかに光り、寸分の狂いもない（杉本商店所蔵）

歴史は、但馬に養蚕が導入された二百数十年前に始まり、養蚕の衰退と同じ道を歩む。樹齢二、三百年の桑の老木を切り、最低十年は陰干しにする。このうち、使える部分は三割程度。板にひいた後、再び五―十年陰干し。各部分に切り、さらに二、三年陰干し。職人が、茶だんすやなつめ、はし箱、すずり箱などに加工後、つや出しの技法が城崎独特といわれる。

杉本の妻、ゆう（昭和六十二年、九十六歳で死去）によると、クロム酸カリ石灰を塗ってから、カラカラになるまで乾かし、トクサの幹をつぶして磨く。トクサは丹波産以外は使い物にならず、最後は特上の白ロウを塗り、柔らかい木綿で磨いて仕上げる。十八歳から桑を磨いてきたゆうは「何十年もせんと本当のつやは出せない」という。

昭和五十年代まで、「丸井物産店」の丸井新次（大正十三年生まれ）が杉本の技術を受け継いでいたが、専業としては成り立たず「趣味程度」に作っていただけだった。後継者だけでなく材料の桑が入手できなくなった。城崎から桑細工は滅びた。

桑細工に先立ち、城崎独自の工芸品だった塗櫃《ぬりびつ》の技術者もいなくなった。和風旅館が、プラスチックの食器を出す時代なのだ。

物産店騒動

長年の内湯紛争は終わり、昭和三十一年（一九五六）から集中管理による温泉の内湯配湯が実現した。四十年には第二次内湯配湯も実施され、六十七軒の旅館にも湯の恵みが届くようになった。さらに四十七年には完成した循環方式による集中管理配湯で、内湯旅館は八十五軒となった。城崎の旅館は、温泉の利用に関してだけは、共存体制を作り上げたといえる。それで旅館が「共栄」するかどうかは別問題だが、湯に関しては弱肉強食の論理は否定されたことになる。

しかし、内湯実現に喜ぶ旅館とは対照的に、物産店や飲食店、遊技場などは初めから旅館の内湯に対して警戒心を抱いていた――。

城崎の特徴は、むかしから外湯を中心に培われた「共存共栄」といわれている。客は旅館に泊まり、外湯に入りに外へ出て、ゲームをしたり、一杯飲んで土産物を買って帰る。温泉街全体が一つの旅館で、道路は廊下、各旅館は部屋――という認識だ。内湯紛争で、あれほど強烈な反対運動が繰り広げられたのも、旅館だけではなく、あらゆる

温泉街ににぎやかな
風情を添える物産店

客商売が伝統の「共存共栄」への強い危機感を持ったからだった。外湯は、物産店や飲食店の存在を支えるいわばオアシスだった。

昭和三十七年（一九六二）、一軒の大手老舗旅館が館内に土産物コーナーを設置した。当時の物産店組合（四十軒）は、旅館組合（七十軒）に対し「内湯設置の際、商人には圧迫を加えないといっておきながら、共存共栄に逆らうようなことはやめてほしい。このままでは旅館と並んで町を景気づけている物産店の死活問題にかかわる」という趣旨の申入れをした。

これに対し旅館組合は「法的になんら規制はない」と突っぱねた結果、物産店組合は①（旅館内の）売店で売る商品は、物産店組合加盟の店のものを使い、手数料として一割を提供する②陳列台やケースを最小限にとどめる――などの条件を付けるように求めた。しかし、町内の物産店経由の品物を旅館内で売った場合、旅館の利益は定価の一五―三〇%、直接仕入れたらその倍のもうけがあるといわれ、ほとんどの旅館内に売店が設けられるようになった。

旅館はいう。「雪の日も雨の日もある。お客さんに少しでも喜んでいただけるのが旅館の務め」と。物産店や飲食店はいう。「城崎は旅館ばかりではない。共存共栄は口先だけか」と。

ところで、もし飲食店や物産店が旅館営業に必要な客室を整え、旅館組合に加入せずに低料金で客を泊めれば、さて旅館はどういうだろう――。

高度成長

ほうって置いても客が来た。シーズンになると、二、三カ月前から予約しても余裕がないほどの混雑ぶり。長い城崎の歴史の中でもかつてない現象だった。平日でも、夜になると温泉街には、泊まり客のげたの音が鳴り響いていた。

昭和三十年代後半に始まったわが国の高度経済成長は、空前のレジャーブームを生み出した。全国統計によると、同三十八年（一九六三）度の全国温泉宿泊人員は延べ八千五百七十万人。それが十年後の四十八年には一億二千百五十万人にまで増加した。四十年代前半に一時期不景気は訪れるものの、四十八年十月の第一次石油ショックまで、ど

昭和38年（1963）に完成した城崎ロープウェー。大師山頂駅からの眺望は城崎観光の目玉の一つとなっている（2004年８月）

の観光地も〝この世の春〟に浮かれた。

　三十八年五月には、城崎出身で当時関西電力会長だった太田垣士郎（一八九四—一九六四）の援助もあって、薬師公園から温泉街を見下ろす大師山山頂まで、全長六百七十六メートルのロープウェーが完成した。途中の温泉寺に中間駅が設けられた全国でも珍しいロープウェーとなったが、重要文化財・観音堂の目と鼻の先に突然デンと出現した〝観光施設〟はさぞかし墓の下の開山・道智上人を驚かせたことだろう。また同年八月には、戦後の一貫した運動が実って城崎温泉を含む山陰海岸は国立公園の指定を受けた。

　かつての湯治場の色合いは、急速に薄れて行き城崎も温泉観光地に様変わりする。同年発行された『山陰海岸』（神戸新聞社会部編）は、「しかし、現実はどうだろう。ヌードスタジオ、バーとパチンコ店、華美なネオン塔にジャズのリズム……異物と異物が、町の中でぶつかりあい、渦を巻いている。玄武洞の渡し舟はモーターがつき、深山の味を抱かせた温泉寺は境内にロープウェーをとめる。……『温泉場としては珍しく清潔な感じ』（『暗夜行路』）といった志賀直哉は、いまの城崎を見てどう語るだろうか」「城崎はいま大正十四年五月の大震災以上の曲がり角に立っているのではなかろうか」と結んでいる。

直哉が城崎に「熱海のまねはするな」と忠告したのも、同年のことだった。

日本観光協会「観光の実態と志向」（昭和五十三年）の観光の目的調査によると、五十年代には三〇％余りに落ち込む「慰安旅行」が、四十年前後は六〇％以上を占めていた。二百人、三百人の大団体が日本中の温泉に殺到していた。

温泉寺境内に設けられたロープウェーの中間駅

大規模ホテル

鉄筋コンクリート六階建ての「ホテルブルーきのさき」は、昭和四十三年（一九六八）十二月、七十八室、四百三十人収容でオープンした。当時の社長は養父郡大屋町（養父市）出身の中尾信雄（四十五年、五十八歳で没）。総工費七億五千万円を投入して、城崎町桃島の円山川沿いに建てられた。このホテルは、五十四年に増築され、九十七室、六百二十人収容となった。城崎一の収容力を持っていたが、平成十六

平成14年（2002）ロープウェー駅横に地元有志が建てた太田垣士郎の銅像

年（二〇〇四）現在は、八十八室五百五十人収容となっている。

　オープン当時、鉄筋でホテル形式の建物は、温泉街の東端に農協共済組合が建てた「あさぎり荘」（当時の収容力百人）があっただけ。城崎の人たちは「ブルーきのさき」の出現に驚くばかりであった。

　ブルー開業の翌四十四年七月、今度はブルーと正反対の温泉街北西端に「西村屋城崎グランドホテル」がオープンした。江戸末期の安政年間、若狭国（京都府）から湯島へ移り住み、旅館「西村屋」を始めたという初代西村佐兵衛から数えて五代目の当主・西村四郎が「コンベンションリゾートホテル」（大集会もできる保養地ホテル）をめざして建設した。当初、六十四室、三百人収容。四十八年の増築で九十九室、五百人収容となった。

　純和風の「西村屋」本館の収容二百人とグランドホテルを合わせると、総収容力は七百人。「西村屋」は昭和二十六年、個人経営から株式会社に組織変更してから、五十五年（一九八〇）で三十周年を迎えたが、この間で室数で七倍、投宿人員が一万三千百人から十二万九千人余りと十倍、純売上高で千九百三十万円から、五十七年度の城崎町の当初予算約二十三億円に匹敵する二十億六千万円と約百倍の高度成

「西村屋城崎グランドホテル」は、50億円かけてリニューアルされ、平成7年（1995）「西村屋ホテル招月庭」としてオープン。100室563人収容の城崎最大の宿泊施設となった

長を遂げた。五十五年度の客室回転率は、本館で八三・七％、グランドホテルで七七・二％、定員稼働率では、グランドで五六・九％、年間十万人余りが宿泊したことになる。

一方「ブルーきのさき」は、四十八年の石油ショックまで六六―六七％の稼働率だったが、五十六年度は五一―五二％となった。それでも五十六年度の宿泊人員は十一万三千人余り。

城崎町商工会の調べによると、五十五年度の民宿や寮を含む旅館数は百二十四軒。収容力は約八千五百人。この年の総宿泊人員（旅館組合加盟百七軒分）が七十九万一千人余り。ブルーとグランドを合わせた宿泊人員をざっと二十三万人とすると、全体の約三〇％を占めることになる。

旧来の温泉街は、東西で大規模ホテルに挟まれる格好となった。

抗争事件

高度成長で空前の好況を迎えた城崎。昭和三十三年の赤線廃止で

「城崎の灯も消えるか」という一部の心配をよそに、会社の慰安旅行の大団体は毎夜派手な宴会を張り、酔客は町にあふれた。暴力団が巨大な観光地となった城崎を、見逃さないわけはなかった。

三十九年（一九六四）六月十二日午後六時すぎ、暴力団小川組組長小川勝は、子分を連れて帰宅途中、温泉街の新地で、対立する椎田組の子分とすれ違った。しかし、椎田組の子分は城崎に来て日が浅く小川の顔を知らなかったためそのまま通り過ぎた。小川は〝あいさつ〟がないことに激怒。「お前とこの若い者はどんなシツケをしとるのか」。小川は組事務所に帰り、組員を集めて「今日は仕事をやめろ」といってピストルとダイナマイト四本を用意させ、椎田組の事務所になぐり込みをかけ、ピストルを乱射した。

両方の暴力団は、映画の客引きなどをめぐって対立関係にあり、一触即発の状態が続いていたという。城崎の暴力団は、三十年代から四十年代にかけ、大谿川両岸に立ち並ぶ三十台近いラーメン屋台を使い、組が経営するヌードスタジオ、バー、スナックに浴客を誘い、エロ写真を売り、管理売春、覚せい剤密売で暴利を得ていた。町内で三十七人の組員をかかえ、最大の勢力を誇っていた小川組は、当時の金で一

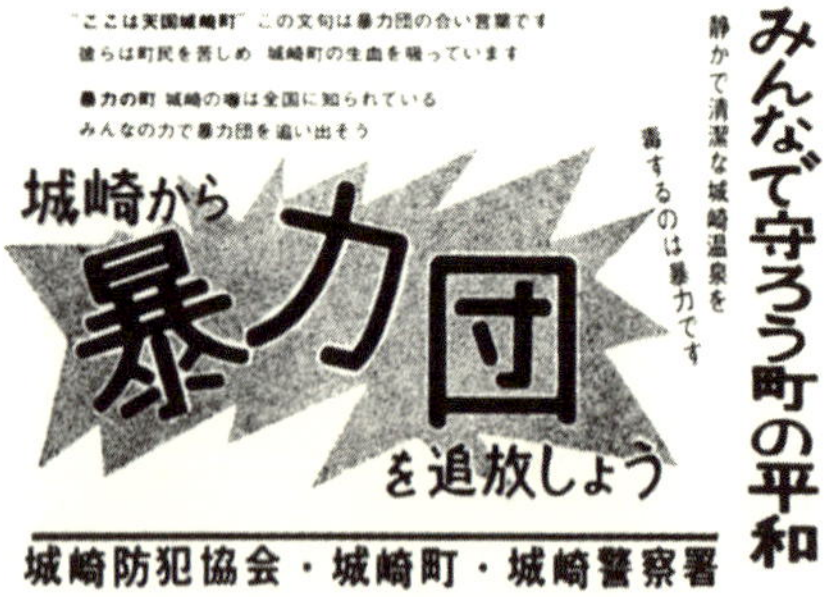
みんなで守ろう町の平和
静かで清潔な城崎温泉を
毒するのは暴力です
"ここは天国城崎町" この文句は暴力団の合い言葉です
彼らは町民を苦しめ 城崎町の生血を吸っています
暴力の町 城崎の噂は全国に知られている
みんなの力で暴力団を追い出そう
城崎から
暴力団
を追放しよう
城崎防犯協会・城崎町・城崎警察署
暴力団追放が本格化した昭和45年、「町広報」に載せられたスローガン

日平均三十数万円をかせいでいた。城崎に群がる暴力団は、勢力を拡大するため、常に対立組織との抗争準備を進め、機関銃を隠していた組もあった。

初めのうちは「お客さんが楽しむなら……」と、町内でも暴力団を甘く見る向きもあったという。だが、彼らの口車に乗った客からは、「文句を言ったらヤクザに殴られた」などという訴えが城崎署に殺到。外湯へ行く途中の町民が屋台から声をかけられ、無視すると「おい、何で返事せんのや」と因縁をつけられ、追いかけ回される者も出始めた。

四十三年（一九六八）以降、県警の広域暴力団山口組取り締まり強化により、同組系の細田組組員が都市部から城崎へも流入して来たこともあって、町内はにわかに組員の姿が目立ち始めた。

城崎署の資料によると、四十五年の本格的な暴力団追放運動当時の町内の組組織は、四代目大島組系小川組（三十七人）、大日本平和会系東口会（三十三人）、東口会系椎田組（二十二人）、東口会系広島組（六人）。さらに暴力団の二軍的存在だった不良少年グループ、城青会（六人）。

五団体、百四人のほか、準構成員も含めると、少なくとも百二十人の暴力団関係者が、人口六千人足らずの町にひしめいていた。人口の五十人に一人が暴力団員という、全国一の〝組合員率〟の町になり果てていた。

鬼署長

昭和四十五年（一九七〇）二月二十六日夜、兵庫県警捜査一課次席、中田静男警視（当時四十九歳）は、一人城崎温泉の旅館「田木屋」にいた。中田は、殺人、強盗など凶悪事件を扱う捜査一課たたき上げのベテラン刑事。異動で、城崎署長への転任の内示を受け、前任署長との業務の引き継ぎに来ていた。

宿の女性従業員は、中田を次の署長とは知らずに話しかけた。「むかし城崎はいい町でした。いまは暴力団の屋台がはびこり、夜は怖くて歩けません。警察が本気で考えてくれたらいいのに……」。

三月一日、正式に着任した中田は精力的に町内を歩き、各種団体の

中田静男署長（昭和50年、水上署長時代）

責任者と会った。確かに暴力団が提供する不法な風俗営業を求めて来る客はいる。しかし、流れ込んだ金はほとんど暴力団に吸い取られるばかり。中田は腹をすえた。「この状態では、町が完全に暴力団に占拠されてしまう。徹底的にやる」――。一課時代は名物刑事として鳴らした男。三宮で抵抗する組員に発砲したり、神戸・新開地を舞台に繰り広げられた暴力団の大抗争事件では、山口組の田岡一雄組長以下四十三人を検挙、大幹部山本健一らを締め上げた経験もあった。

「警察が本気で考えてくれたらいいのに……」という言葉が、耳の奥に響いていた。城崎の実情は、中田を愕然《がくぜん》とさせるものがあった。人口比で全国一高い〝組員率〟もさることながら、パトロール中の警察官が組員にからかわれ、帽子を大谿川に投げられる、という事態もあったという。

「警察がナメられている」。まず制服警察官の姿を町民や組員に見せ、警察の決意を示すことから暴力追放作戦は始まった。着任早々、署員六人で特別取締班を編成、連日夜七時半から十一時半まで、温泉街の機動警戒を実施した。署員はわずか四十二人、小さな署にとって大変な負担だった。「署長が代わって気ばってみたって、一カ月か二

元城崎署だった町公民館。平成17年（2005）、永田萠さんの作品を中心とした絵本美術館に生まれ変わる（駅通り）

カ月でケツワレするわい」。組員らは高をくっていた。

当時の城崎署は、いまの駅前通りの公民館の位置にあり、署長官舎は署のすぐ裏にあった。単身赴任の中田のまくら元には、護身用の刺し身包丁が光っていた。

暴力団追放

暴力団追放の決め手でもあり、最も困難な点は、資金源の封圧と地域住民の協力だ。城崎署長・中田静男は、不法な風俗営業の拠点となっていた二十七台のラーメン屋台を取り締まる作戦を立てた。しかし、屋台は保健所から営業許可を受けていたため「出て行け」とは言えない。そこで道路の不正使用、駐車禁止（道交法違反）で取り締まることとなった。

昭和四十五年三月十七日夜、一斉摘発で城崎の温泉街から屋台の姿は消えた。「やればできる――」。警察の強い姿勢を見た町民は、口先だけでなく本気で暴力団追放に乗り出した。どこの自治体にも防犯協

昭和45年（1970）4月1日、県警捜査四課（暴力団担当）の中島重信課長を本部長として城崎署に設置された「城崎地区暴力犯罪特別取締本部」

会が設立されているが、年一回の暴追大会を形式的に開くだけで、実際には警察任せがほとんど。だが城崎は違っていた。三月二十三日、暴力追放町民決起大会が開かれ、続いて町議会も全員一致で暴力追放を決議。さらに同二十五日、緊急の町内会長会が開催されたほか、町内各種団体も防犯協会城崎分会と協力して体制が固められた。

四月一日、城崎署は「暴力犯罪特別取締本部」を設置、県警本部は十人の捜査員を投入した。一方屋台側は「営業権の侵害だ」と血相を変え署長室に直談判に来たが、中田は「たとえラーメンを売るためにでも、止まっただけで駐車違反で検挙する。営業をしたかったら、円山川の向こう、楽々浦でやれ」と突っぱねた。

だが、屋台の取り締まりはジャブに過ぎなかった。目標はあくまで暴力団の絶滅。同署はすでに三月五日に広島組の六人、同二十八日には小川組の三十七人を、わいせつ物頒布などの疑いで検挙していた。また東口組と椎田組に対しては、同年二月のとばく事件から十一月、両組長らを検挙、両方の組織は十二月に解散した。最後まで抵抗を続けた小川組も、四十六年一月、解散届を出し、暴力団は城崎から一掃された。

昭和46年（1971）2月、NETテレビ「桂小金治アフタヌーンショー」に出演した中田静男署長（右から３人目）

四十五年三月一日から同十二月十日までの間、城崎署は九十二の事件で百三十九人を検挙したが、うち九十四人が組員であった。しかし、相次ぐ暴力団の脅迫にも屈せず、家族の身を心配しながら、眠れぬ夜を過ごした役場や防犯協会幹部らのいたことを忘れてはなるまい。

「温泉町の勇気ある記録―五つの暴力団を壊滅させた住民パワー」（『サンデー毎日』昭和四十六年二月二十一日号）に続き、同二十五日に放送されたNETテレビ「桂小金治アフタヌーンショー」は、全国をあっと言わせた。東京のスタジオに集まったのは、中田署長、観光協会長鳥谷武一、防犯協会幹事谷口英夫、町住民課長伊東佐一郎、町婦人会長鳥井みと子、そして元椎田組組長椎田一義、元屋台組合長赤松孝司。これは暴追運動の「勝利宣言」であった。

中田静男は平成十六年（二〇〇四）一月、八十三歳で亡くなった。中田はその前年九月、家族を連れて最後の旅に城崎を訪れた。警察官としての誇りをかけた地に戻り、満足そうに思い出を語っていた。

暴力団追放は、一時的に男性客を遠ざけたかもしれない。しかし、この闘いは二十年後、美しい実を結んだ。清潔で何の不安もなく散策できる街に、若い女性らがどっと訪れる。城崎は若者に支持される温泉に生まれ変わった。

温泉離れ

　昭和五十年代中ごろ、全国の温泉地は深刻な不況を迎えていた。環境庁の全国温泉統計によると、温泉地宿泊施設の延べ利用者は四十八年（一九七三）の一億二千百五十万人をピークに減少の一途で、五十五年（一九八〇）は一億七百十万人と、四十五年ごろの水準に逆戻りした。また宿泊施設数は、三十年代から増加し続け、四十八年の一万四千軒から五十四年には一万五千六百軒となったが、五十五年には五百軒減り、一万五千百軒となった。

　この数字上消えた五百軒は、どうなったのだろう。全施設の収容定員は、昭和三十二年から一度も減少したことはなく、五十五年までの統計では、同年の百六万人が過去最高の数字。一軒あたりの平均収容定員も三十二年の四十人から、五十五年には七十人となっていることからして、小がつぶれ、大が伸びる——という傾向が続いたことを示

城崎冬景色

していた。

客が減り、収容定員が増えるということは、稼働率の低下として現れる。稼働率は、年間延べ宿泊者数を収容定員の三百六十五倍で割った数字。過去最高は、三十七年の四七・五%。例えば百人収容の旅館ならば、平均して毎日四十七・五人が泊まっていたことになる。ところが、稼働率は五十一年に戦後初めて三〇%を割って、二九・八%に。さらに五十五年には二七・六%と、三十七年から二〇ポイントも低下している。旅館やホテルの規模によっても違うが、二七・六%という数字は、危険ラインを突破したことを意味した。

高度成長期の異常ともいえる客の増加に追いつくため、宿泊施設の増築、新築ブームに拍車がかかり、四十八年の石油ショックで客足がピッタリと止まったにもかかわらず、設備投資に急ブレーキはかからなかった。三〇%を割る稼働率では、生き残れない宿泊施設が現れざるを得ない。五十四年から五十五年にかけて、五百軒の宿泊施設が消えたのも、やむを得ない事情があった。

しかも、全国的に「温泉離れ」が進行していた。三十年代まで、観光地＝温泉地であり、全宿泊者数の六〇%以上を温泉地が占めていた。

それが五十年になると四〇%までに低下した。
　昭和五十六年（一九八一）一月、中央温泉研究所の益子安所長は『温泉』誌上で「どこの温泉でもそうだと思いますが、上位数軒がその温泉地の集客の何十%かを取ってしまって……町のにぎわいがだんだんなくなって一部の旅館のみが巨大化する。したがって旅をするという興味の対象としては、まことに魅力のないものになっていくわけですね」と発言した。

模索

　昭和五十六年（一九八一）の暮れ、工学院大学の大学院生船越康弘（昭和三十年生まれ）は、修士論文のテーマ「城崎温泉地域計画」の取材のため、城崎駅のプラットホームに降り立った。彼の城崎訪問は、これで七回目。城崎の「何とも言えない風情」に引かれて三年が過ぎていた。

　船越は、日本全国の伝統的な町並みの調査をするうちに、湯治場と

大谿川にかかる太鼓橋のひとつ「愛宕橋」

して発達した温泉街が見落とされているうえ、温泉街＝歓楽街という安易なイメージが横行していることに気付いた。

「古い温泉でも熱海や白浜などは、近代ビルが立ち並び、保存する対象すら失っている。城崎にも同じ危険があるが、山に囲まれた木造の旅館街など、手を加えればすばらしい町になる。これほど可能性の潜在しているところはない」。

彼は城崎に来るたびに町をくまなく歩き、店の人と話し、城崎のイメージを膨らませていった。外湯、大谿川、柳、旅館街……秋祭り。絶望させられる光景にもたびたび出合った。雰囲気をぶち壊す看板、無遠慮に立つ鉄筋の役場、電線、電柱。さらに酒も飲まず一人で連泊を続ける彼を〝金にならない客〟として、それとなく別の宿へ移らせようとする宿。

船越プランは、「地蔵湯」「さとの湯」▽「一の湯」「柳湯」▽「御所湯」「まんだら湯」「鴻の湯」を三つのゾーンとし、湯を主体とした複合施設を造るなど、一朝一夕には実現できない大胆なものとなった。しかし「今後どのような町にして行くのかを、いかに小さなものを造る際にも考えないと大変なことになる。造ったり建てたりするよりも、

若い旅館経営者らが大谿川で育てるニシキゴイ

壊す方がずっと難しいものですから」という。

大分県・由布院温泉は、間近にある巨大観光地・別府温泉を反面教師として都会からのUターン組の指導で、ユニークな温泉場づくりに成功、昭和五十年代、各地からの視察ラッシュを受けていた。そのなかでも、当時、同温泉組合長・溝口薫平の経営する旅館「玉の湯」は、全国の旅館業者に広く知れ渡っていた。一年前からでも、予約がとれないこともあるほどだ。溝口は昭和五十七年（一九八二）当時の取材に対し「実のところ、われわれは城崎がうらやましい。由布院の良さはもちろんあるが、城崎のまねはとてもできない。城崎が不況というのはおかしいんじゃないですか。それは人の問題だ」と言い切った。

五十年代後半の不況の中で、城崎は未来につなぐ小さな試みを展開する。ほとんどは若者たちの手から生まれた。

大谿川に鯉や水鳥を放ち、大雨の日も守り通した。また、大学生協へのチラシ配布、「七湯めぐり」への着目、当時流行のミニ独立国「かに王国」の建国などだった。有志による町並み保存会も発足した。一方、ハード面では街路灯の整備に始まり、念願だった千人規模の集会施設「城崎大会議館」も五十八年（一九八三）末に開館した。

「かに王国」のイベントでにぎわう城崎駅前（昭和59年）

街角にテレビ局の取材班が出没し、旅行雑誌に城崎の記事が増え始めた。底にはバブル景気の訪れがあったとしても、温泉と城崎をめぐる状況の何かが変わり始めていた。

昭和六十年（一九八五）四月二十二日、但馬最古の木造建築・温泉寺本堂（重文）内で、この寺の本尊・十一面観音像（同）が眠りを覚ました。千数百年の歳月に守られた木造は身の丈二メートルの端正で温和な姿を保ち、木肌からはまだヒノキの香りさえ漂わせていた。秘仏とされる本尊開帳――。寺の定め通り、三十三年に一度だけ巡ってくる、千日間の開帳で、前回は高度成長を反映した空前の大型レジャーブームを引き寄せてくれた。

温泉ブーム

ジーンズ姿の若い女性が、黒いスポーツバッグを提げて押し寄せてきた。ハイティーンのカップルが、慣れない浴衣と丹前に体をこわばらせ、下駄の音を明るく響かせる。不況と温泉離れの後に待っていた

カニを供養するため大師山
山頂に建てられたカニ塚

のは、ちょっと信じ難いほどの温泉ブームだった。しかも、その主役は〝ギャル〟。旅館の内湯は、男湯が広く女湯は狭いのが常識だったが、ほとんどの宿がこっそり男湯と女湯の看板を掛け替えたほどだ。

彼女らは「外湯が最高」「何となく落ち着く」と口をそろえ、きちょうめんに七湯めぐりをして、たっぷりと温泉情緒を楽しんで帰る。テレビや雑誌の影響に加え、旅行会社の売り方もあろうが、若者の好みの変化なしでは、昭和末から平成にかけての温泉ブームは語れないだろう。そこには、和風旅館と木造の町並みに感激する「レトロ趣味」があり、「かに王国」が大ヒットしたように和食の良さを見直す「グルメブーム」があった。

昭和六十一年（一九八九）は、温泉への追い風を城崎に呼び込む転換点となった。温泉街から竹野浜へ抜ける海水浴ルートの開通、山陰線の大阪—城崎間の電化完成と新特急「北近畿」運行、鴻の湯に庭園風呂（露天）完成……。前年の六十年、外湯入浴者数は実に十年ぶりに百万人台に回復。最低だった五十五年を十万人上回り、その後も順調に伸びて、六十三年は昭和三十年の百三十六万人を超え、空前の百四十五万人を記録した。

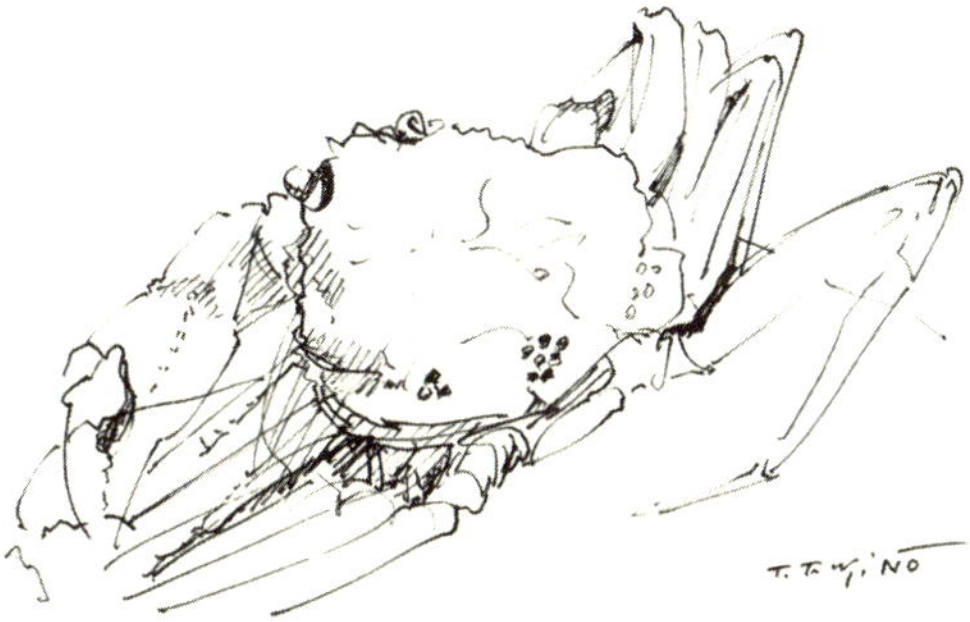

マツバガニ

だが、喜んでばかりはいられなかった。不況時代には表面化しなかったが、旅館の従業員不足に城崎は直面した。和風旅館の据え膳上げ膳を支える女中さんらが高齢化し、後に続く人たちがいないのだ。旅館に予約電話が入っても、人がいないから「満員です」と断わるケースが増えていた。かつては稼ぎ時だった盆正月だが、従業員がそろわないから休業せざるを得ない旅館も出た。

戦後しばらくまで、城崎の旅館では但馬一円の農家の娘さんが、行儀見習いと称して〝女中奉公〟を務めた。旅館は嫁入り道具をそろえて奉公明けの娘さんを送り出した。いま、そんな年ごろの娘たちが旅館の上客となった。

彼女らは外湯と木造の町並み、和風旅館の良さといった城崎にとって本質的なものを旅から持ち帰るだろう。これは、高度成長期のオジサンの団体旅行よりも重要な要素を秘めている。彼女らが母になり、さらに祖母になるそれぞれの節目に、城崎への小旅行はよみがえり、いつか同じ宿に帰ってくるのではないだろうか。

だんじり祭り

十月十四日、十五日の両日、町は表情を変える。日ごろおとなしい若者も、おかみさんに頭の上がらない亭主も、湯島の男という男は胸を張り、目を輝かせて走る。女たちは、男たちの後を小躍りしながら追いかける。湯島という谷にもたらされる温泉が、男たちの血となって流れるように、町は熱いときめきに包まれる。

城崎の秋のだんじり祭りは、単に勇ましさだけを競うけんか祭りではない。波乱と秩序、静と動の絵巻が、見る者に強い郷愁を呼び覚ます不思議な流れを秘めている。

祭りは、四所神社の神輿《みこし》を中心に、上部の「みこし台」がそれをエスコートし、下部の「大だんじり」が〝やんちゃ〟して回るという筋書きで運営され、十五日夕「一の湯」前の王橋での激しい「せり」でクライマックスを迎える。祭りに携わる数百人の男たちの統率のとれた動きと掛け声が、太鼓や鉦《かね》のリズムと相まって、みこし台と大だんじりを生き物のようにあやつる。十四日午後から温泉街の各地で繰り

祭りのクライマックス、王橋でのせり

返される「せり」も、まるで計算されているかのように、伏線となって最後の「一の湯」前の「せり」へと祭りを進める。

この祭りの秘密は祭りを運営する独特の組織と階級にある。湯島は大谿川の流れに沿って、四所神社から上流を上《かみ》部、同神社から「一の湯」までを中《なか》部、「一の湯」から下流を下《しも》部と三つに分かれ、それぞれ男子だけで同年配の終身グループ「連中《れんちゅう》」を組織している。ひとつの連中は、十数人から二十数人でまとまり、冠婚葬祭の際にも助け合う。

階級は、祭りの役割分担に従って、〈小若衆―若衆―若頭〉（十五～二十五歳）―〈執頭《しっとう》―執頭がしら〉（二十七、八歳）―後見（三十歳）―〈若助―助―助頭〉（三十四、五～四十五歳）―〈若警護―警護―警護頭〉（四十五～五十歳）―大警護（六十歳ぐらい）に分かれる。執頭は祭りの現場監督ともいえる役割を持つなど、それぞれの任務が決まっている。一つの連中は、十代には若衆となり、二十代後半で執頭を務め、年齢ごとに経験を積み重ねる。

連中と祭りの階級は、社会生活とは独立したもので、たとえ若い社長に使われている年上の使用人でも、祭りとなると立場は逆転する。

きのさきの秋祭

祭りは独特の「湯島言葉」を生んだ。城崎では子どもが泣いてだだをこねると「大だんじりを起こした」と言うそうだ。秋祭りで、上の町の「みこし台」にじゃまされて、四所神社の境内や温泉発祥の聖地とされる「まんだら湯」前などに入れてもらえず、激しく身もだえする下の町の「大だんじり」を、火の付いたように泣く子どもの様子にあてはめた言葉だ。

下の町にとって、上の町の「みこし台」はまことに憎たらしい存在ではあるが、祭り本宮の十月十五日午後、「みこし台」は下の町の「はなや」で一時間ばかり休憩する。当然「はなや」は、上の町の連中をもてなさなければならない。敵に塩を送る訳だ。

「はなや」はいま物産店を営むが、江戸時代は「糀屋《こうじ》」という有力な家で、代々弁天山の管理役を務めた。弁天山は、温泉寺縁起にあるように（16ページ参照）、同寺本尊・十一面観音が一時期安置されたといい、上の町の「まんだら湯」と並ぶ湯島の聖地。ゆえに弁天山の管理者であった「糀屋」は、下の町を代表していた。いつの間にか糀の米ヘンがとれて「はなや」という屋号になったらしい。「みこし台」が「はなや」に休憩するのは、上の町が下の町の聖地の管理者に表す敬意の証なのだ。

この祭りの最古の記録は、享保九年（一七二四）の温泉寺文書だ。二百八十年以上もむかしから、湯島だけに営まれて来ただんじり祭りは、二十一世紀も城崎の社会に生きる。

大師山山頂の道標。温泉寺参道を含めた自然歩道が整備されている

城崎物語

明日へ——永遠のドラマ

扉題字／映画監督・大島渚

城崎温泉の断層。AとBは昭和30年代以降の調査で発見されていた。平成の調査で、CとDが新たに確認された。かつて行者山断層と呼ばれたGは、平成の調査で否定された。Mは泉源を含まない断層（西村進「城崎温泉の構造と新泉源」＝『温泉科学』平成7年6月号より）

特異点

なぜ、城崎に湯が湧くのか――。答えは、太古の大地に求めなければならない。

「温泉は血の一滴」との号令下、昭和二十六年（一九五一）から始まった新泉源開発は、悲壮な決意の挑戦だった。町を二分した内湯紛争の和解を受け、新泉源に町の将来がかかっていた（１９０ページ参照）。それから半世紀余り。ハイテクによる物理探査の進歩と二千メートルを超える大深度ボーリング技術が、日本の温泉事情を大きく変えた。大地の恵みだった温泉は、開発することができる資源になりつつある。

しかし、科学的な調査が蓄積されてきた城崎ですら、温泉の仕組みが描かれ、ある程度計画的に泉源開発が可能となったのは、平成に入ってからだ。城崎温泉の研究は、実は昭和六年（一九三一）にまでさかのぼる。昭和二年に始まった内湯紛争を背景に、町が当時の京都帝国大学理学部地質学鉱物学教室に泉源調査を委託した。外湯主義から

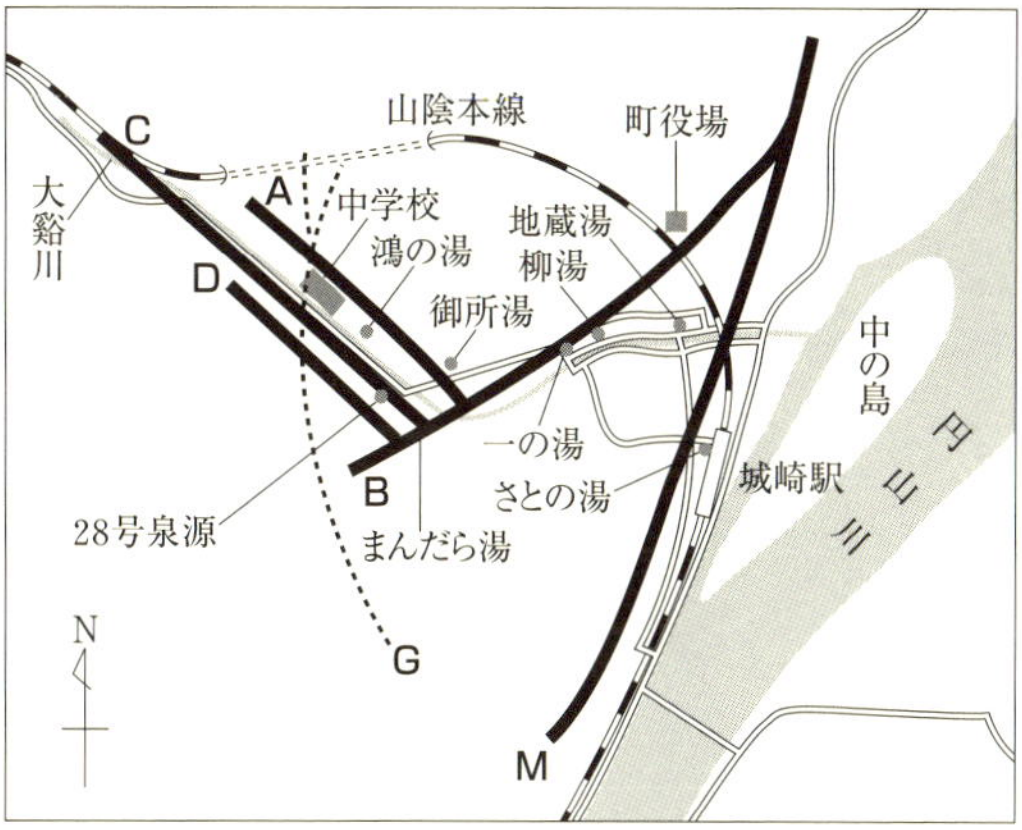

内湯並存へ、湯量確保の可能性を探ろうとしたことは、十分に想像される。

平成六年（一九九四）十月、大谿川右岸の薬師公園で掘られた地下五百メートルのボーリングから、六七度の湯が毎分百二十リットル自噴した。後に第28号と呼ばれ、七五度毎分四百リットルを供給する有力泉源となった。掘り当てたのは、京大教授・西村進（昭和七年生まれ。京大退官後、「シンクタンク京都自然史研究所」理事長）だった。西村は同教室の一員として、昭和三十八年の泉源調査に参加して以来、城崎とかかわり続けた。

平成五年に西村らが実施した放射能と高密度電気による地質探査が、温泉構造解明を大きく進めた。それによると、泉源を含む地下の断層は、やはり大谿川に沿って走っていた。北東から南西へ、ほぼ大谿川下流と重なる断層Bは、地下数十メートルの浅い層から四〇度前後の比較的低温の泉源をもたらす。

断層Bに直角に交わるように、大谿川中流に沿って断層AとC、Dが四、五十メートルの間を置いてほぼ平行に走る。これらの断層は、深度百メートル前後か、それよりも深い地点から七〇度を超える高温

28号泉源から自噴する湯は、「城崎温泉元湯」と名づけられた。この泉源は平成7年（1995）1月17日の阪神・淡路大震災後、75度から80度に上昇した（2004年8月）

の有力な泉源を生んだ。昭和二十七年（一九五二）、「御所湯」裏で初めて成功した3号ボーリングなど、集中管理実現に貢献した泉源はAに沿っていた。西村は、平成五年の探査で断層Cを確認、28号泉源の開発につながった（「城崎温泉の構造と新泉源」＝『温泉科学』平成七年六月号参照）。

西村は次のように考えている。城崎温泉の熱源は、温泉街西端の城崎中学校地底深くの「特異点」にある。非常に深い断層が地底の熱を地表近くに導く。海水か、または太古の海水が陸封された化石水が熱せられる。湯は複雑な亀裂に沿って上昇、岩盤の上を伏流水となって大谿川筋ににじみ出す。

湯島地区の地下に、湯の大谿川が音もなく流れる。戦前までの外湯は、その自然流出を集めていた。江戸時代の文献が指摘するような外湯ごとの泉質の違いは、外湯の個性というよりも、地表の土や水と元の湯が混じったための現象と考えられる。地下から直接集湯する現在の集中管理の方が、泉質としては純粋で安定している——。

科学の目で温泉のメカニズムを見た西村の分析は、明快だった。

城崎には百メートル掘るごとに、地熱が一〇度以上も上昇する地点

レンタル浴衣が若い女性の人気を呼び、温泉街は和風テーマパークとなった（2003年8月の「第27回城崎ふるさと祭り」）

がある。一般の地熱上昇率は百メートルで三度前後とされている。

変わる風景

バブル経済絶頂の平成三年（一九九一）、城崎の観光客は百十八万人（宿泊客九十二万人、日帰り客二十六万人）を数えた。阪神・淡路大震災の影響で平成七年（一九九五）は落ち込んだものの、以降は百万人台を維持、深刻な平成のデフレ不況下、苦戦する既存温泉地の中では健闘ぶりが光る。

宿泊客と日帰り客の割合は、かつて八対二だったが、ＪＲ西日本のカニ料理日帰りツアーの人気もあって平成十年（一九九八）以降、六対四に迫る。一泊二日の旅から、昼食と外湯を楽しむ手軽な旅へ。冬のＪＲ城崎駅前は日帰り客であふれ、駅通りはカニなどの土産物を売る「海産物通り」に姿を変えようとしている。

平成十二年（二〇〇〇）、城崎駅に隣接する駅舎温泉として「さとの湯」がオープンした。かつての「さとの湯」は、昭和三十七年（一九

六二）、「地蔵湯」を分湯して作られた町民向け外湯。表玄関の観光外湯として生まれ変わった。桃島地区へ平成十五年末に移転した町役場の跡地には、鎌倉時代以来の歴史を誇る「御所湯」を移転新築、平成十七年（二〇〇五）に完成する。同三年の「鴻の湯」に始まった七つの外湯の新装は終わる。総計で二十九億四千五百万円が投入された。

平成十年（一九九八）、湯島財産区は長年の要望を受けて、隣接する今津、桃島への温泉供給に踏み切った。有力な泉源開発の成功によって、安定した湯量確保が実現したためで、湯島の湯が「村外」に出たのは歴史的な出来事だった。

観光の好みにも変化が現れた。「七湯めぐり」「かに王国」という定着した城崎ブランドに加え、「ゆかたの似合うまち」が若い女性の心をとらえた。華やかなレンタル浴衣に身を包んだ女性が、小気味よくげたを鳴らして外湯をめぐる。城崎の絵の中に観光客自身が溶け込む和風テーマパークだ。「文学まつり」、旅館でもてなしの心を学ぶ女子大生の研修、女将《おかみ》塾、町のあちこちに置かれた「みんなの傘」、大島紬《つむぎ》で決めた旅館の若旦那衆の観光ポスター。平成になって様々なイベントや試みが展開されたが、どれも城崎の潜在力あっての仕掛けだった。

姿を消そうとしている冬の風物詩・カニの行商（2004年12月）

北但大震災後の町の復興を見てきた旧町役場は、平成十六年夏に姿を消した。桃島の新しい町役場は、平成十七年春の豊岡市などとの合併後、公民館となる。旧城崎警察署だった駅通りの城崎町公民館は取り壊され、跡地には平成十七年、絵本作家・永田萠さんの作品を中心とした絵本の美術館が新築される。

町は確実に姿を変えていく。平成十三年（二〇〇一）の調査では、温泉街の旅館や物産店など商店三百十軒中、五十一軒が閉店していた。こんな流れの中、冬の風物詩となっていたリヤカーの行商も、姿を消そうとしている。志賀直哉は昭和四十四年（一九六九）、町の取材に対し、「朝早く霧の立ちこめる中を、物売りが宿の前あたりにやってくる。私は朝の散歩時によく出会ったものだ。カニが一匹五十銭だっただろうか」と大正期の城崎を懐かしんだ。

「立売組合」代表の福田明美（大正十三年＝一九二四＝生まれ）によると、明治二十八年（一八九五）生まれの福田の母親が、二十三歳からリヤカーを引いていたというから、海産物の行商は大正の前半には見られた。明治四十二年（一九〇九）の山陰線開通後、急増した観光客の求めに応じたのが始まりではないか。

物産店の店構えも変わった。アイスクリームが若者の人気を集める

三十人以上いた行商人は、平成十六年（二〇〇四）には三人に。「カニ買うて―」。人懐こい呼びかけも、歴史に埋もれようとしている。

批判

「名湯城崎温泉を冒す病理」と題した城崎批判が飛び込んできた。平成十三年（二〇〇一）、温泉教授を名乗る旅行作家が著書で、城崎温泉の集中管理と循環、湯の塩素消毒に強い疑問を投げかけた。古来から愛されこそすれ、宝として守ってきた温泉そのものを真正面から否定されたのは、城崎にとって初めてだった。

町温泉課長・瀬川孝光ら関係者はショックを受けたが、この批判は問題を含んでいた。長い歴史を経て歩んできた城崎と、第三セクターなどが経営する新興温泉とを一緒にしたかなり乱暴な論議とあって、瀬川らは憤慨を隠せなかった。

城崎の場合、集中管理と、塩素の問題は同じ次元で語れない。

各地の温浴施設でレジオネラ菌による肺炎発症事件が相次ぎ、厚生

平成12年（2000）、JR城崎駅に
隣接して開湯した「さとの湯」

労働省は平成十四年（二〇〇二）公衆浴場法に基づき、湯に0・2から0・4ppmの残留塩素濃度を保つよう指導した。0・2ppmという値は、千リットル＝1トンの湯に0・2ccの塩素を交ぜた量。温泉にまで塩素を投入させる国の指導に、疑問を持つ専門家も多い。湯の香りは温泉による癒し効果の大きな要素となっているからだ。志賀直哉の『暗夜行路』には、城崎を訪れた主人公が真っ先に「御所湯」に入り、「強い湯の香《かおり》に、彼は気分の和《やわら》ぐのを覚えた」という表現が出ている。

しかし、レジオネラ菌は土や淡水など自然界に広く生息しているため、一般的な温泉施設では、感染の可能性を完全に否定することはできない。ピーク時には七つの外湯に一日のべ約一万二千人が入浴する城崎で、湯の安全管理をおろそかにすることは許されない。ただ、湯の香りだけでなく泉質そのものにも影響を与える塩素殺菌が、好ましいはずはない。このため温泉関係者は、特殊なフィルターで除菌する技術や、においがつかない塩素以外の殺菌方法を研究しており、実用化も夢ではなくなりつつある。

瀬川は「温泉観光地としては、法に基づき湯の塩素消毒基準を決め

平成15年（2003）の観光ポスターは、大島紬姿の若旦那が登場。マスコミにも注目された

た行政指導を、無視することができますか」と訴える。

一方、温泉資源の公平な利用と保護を両立させたのが、城崎の集中管理システムだった。伝統的な温泉地の多くは、泉源をめぐる内紛と資源枯渇問題に悩んできただけに、昭和四十七年（一九七二）に実現した循環方式による城崎の集中管理は、全国から高い評価を得た（192ページ参照）。城崎温泉は六泉源から一日約二千トンの湯を供給する能力を持つが、使用実績平均は能力の四割程度に抑えられている。

複数泉源の湯のブレンドが泉源の個性を否定し、パイプによる配湯と循環は泉質劣化を招く――と、温泉教授は批判する。これに対し長年、城崎の泉源調査に当たってきた京都大学名誉教授・西村進（地質学）によると、炭酸泉やラドン泉は泉源に近い湯へのこだわりが求められるものの、城崎のような食塩泉は集中管理で泉質変化はほとんどなく、泉源ごとの泉質に大きな差はないとしている。

泉源直結の湯船に、かけ流しの湯を満たし、自然の中で楽しむのが温泉の極意と、温泉教授は繰り返し強調する。しかし、宿泊客だけで年間一億三千八百万人（平成十四年度・環境省調べ）もの温泉利用者全員が、かけ流しを求めると、多くの温泉が枯渇してしまうだろう。

御所湯は平成17年（2005）夏、町役場跡に移転・新築される

地下千メートルを超える大深度で掘り当てた温泉を、循環させて何日も利用する一部の新興温泉と、決して豊富にはないものの、努力を重ねて湯を守ってきた城崎とを温泉教授は同列で論じている、と瀬川らは指摘する。

温泉教授は、塩素殺菌された風呂に入った後、シャワーで体を洗い流すという。水道水は水道法で、０・１ｐｐｍ以上の塩素濃度が義務付けられている。都市によっては夏場、その十倍の塩素濃度１ｐｐｍの水道水も珍しくないのだが……。

時を越えた工芸

独特の伝統工芸として、江戸時代から続く麦わら細工（１３１ページ参照）。温泉は雨後のタケノコのごとく、次々に生まれるが、麦わら細工のようなやさしい手工芸品を自慢できるのは、城崎以外どこにもない。しかし、昭和四十年代から後継者不足が深刻化した。大正時代には約三十人いたとされる専業職人は、平成に入ると数人にまで減

シーボルトコレクションの六歌仙の姿が描かれたたばこ入れ（「シーボルト父子のみた日本展」の図録から）

ってしまった。
前野治郎（大正十四年生まれ）や小関寅雄（同）、神谷勝（昭和十六年生まれ）ら危機感を深めた専業技術者らは、昭和五十四年（一九七九）「城崎麦わら細工技術者の会」（当初七人）を結成。学校や公民館で技術指導に当たるなど、寸暇を惜しんで後進育成に走り回った。町は平成元年（一九八九）、職人の技術を無形文化財に指定、兵庫県も平成五年、伝統的工芸品に指定して支援に乗り出した。
そんな中、平成八年、驚くべき知らせが城崎に届いた。同年、国内三カ所で開かれた「シーボルト生誕二百年記念特別展」の準備の際、ドイツのミュンヘンとオランダのライデンの国立民族学博物館に、城崎の麦わら細工数十点がきれいなまま保存されていることが確認された――というのだ。文政六年（一八二三）、長崎・出島のオランダ商館付き医師として来日したドイツ人シーボルトが、収集して持ち帰った美術工芸品の中に含まれていた品だった。
シーボルトが城崎に立ち寄った記録はない。しかし、江戸時代の麦わら細工が、日本研究者として世界的に知られたシーボルトのお眼鏡にかなっていたのだった。特別展の図録には六歌仙の姿を描いた「た

「但馬 城崎 湯嶋…」などと書かれた包みも残っていた

ばこ入れ」など約二十点が紹介されている。包み紙も残っており「但馬　城崎　湯嶋　御麦藁細工　美濃屋兵三郎」とある。麦わら細工に関する記録や古い作品のほとんどは、大正十四年（一九二五）の北但大震災で焼け、過去をたどることができなかっただけに、信じられないような発見だった。

展覧会でシーボルトコレクションを見た前野は「どきっとした」という。「まるで呼び寄せられたようで、先祖に出会ったというか。まさしく麦わらでした」と語る。しかも、極めて高度な技術が施された作品ばかりだった。「美濃屋」は、国会図書館に保存されている安永年間（一七七二―一七八〇）の城崎の古地図に「ミノヤ」として確認された。温泉寺の墓地には、「美濃屋」係累の墓石が昭和の代まで残っている。

町は平成十六年（二〇〇四）十月、技術者の会のメンバーらをミュンヘンとライデンに派遣、現物を調査した。技術者ら待望の施設「城崎麦わら細工伝承館」も実現した。メンバーは、シーボルトコレクションの復元に挑戦、作品を「伝承館」に展示する。

後継者不足解決までの道のりは、なお遠い。しかし、麦わら細工に

シーボルトコレクションの図録を元に、復元品の試作を手にする前野治郎（2004年7月）

魅せられる若い世代も現れ、後継者育成研修が平成十三年（二〇〇一）から始まった。

江戸時代の中ごろに生まれた地域工芸が、三百年近くを経た現代にも受け継がれ、人々に愛され続けていることは、城崎の奇跡のようにも思える。

平成の大合併

平成十四年（二〇〇二）七月の城崎町長選挙は、かつてない激しい戦いとなった。二期目の藤原秀雄町長の病気辞任に伴い、共産党町議で物産店「ふるや」経営、古池信幸が無所属で立候補を表明。続いて町商工会長で最大手旅館「西村屋」経営、西村肇が名乗りを上げた。早生まれの西村が一学年上だが、二人はともに昭和二十年（一九四五）生まれ。立場こそ異なれ、テニスが趣味の二人はダブルスのペアを組み、昭和五十五年（一九八〇）には地元の大会で優勝している。

町長選が選挙となったのは、十五年ぶり。過去三回は無投票だった。

第40代町長・西村肇。2005年、豊岡市など1市5町の合併による「新豊岡市」発足で、最後の城崎町長となる＝城崎町役場町長室（2004年7月）

争点の一つは、「平成の大合併」といわれる自治体合併への対応だった。合併について、古池は住民に是非を問うとして態度を保留、西村は豊岡市などとの近隣合併を進めるとした。結果は、西村千七百七十票、古池千二百十八票。西村は当選後「有権者（三千五百十四人）の過半数を得た」と自信を表明したが、決して楽な戦いではなかったという。

半世紀前の「昭和の大合併」時、城崎は全有権者の九八％が、豊岡との合併に反対署名した（197ページ参照）。今回も西村は、観光を中心とした独自行政を守るため、できることなら合併は避けたかった。だが、町の人口は昭和四十年（一九六五）の六千二百人台をピークに減り続け、平成十六年（二〇〇四）には、四千二百人台にまで落ち込んだ。「財政面で合併せざるを得ない。流れに飲み込まれ、湯島財産区の権利も守れず、無条件降伏のようになってはいけない」と西村は判断していた。

豊岡市、城崎町、竹野町、日高町、出石町、但東町の一市五町の合併協議は、あっけないほど順調に進み、平成十六年四月、調印された。新市の名は「豊岡市」。新市域が旧城崎郡域と重なることと、全国的

城崎駅前にある島崎藤村「山陰土産」の文学碑。後ろはさとの湯

に名の通った温泉名から「城崎市」も有力候補だったが、合併協議会の席上、西村は「城崎市となるなら、協議会を離脱する」と断言する局面もあった。城崎市となると、同じ新市内で近年になって相次ぎ開発された新興温泉すべてが「城崎温泉」となってしまう。「城崎ブランド」へのこだわりから、あえて「城崎市」を拒否した。

平成十七年（二〇〇五）春、新「豊岡市」が発足する。江戸時代から続いた湯島村が、明治二十八年（一八九五）、城崎町となって百十年。明治、大正、昭和、平成へ。十九世紀から、二十一世紀へと時は流れた。行政区画としての城崎町は、消滅する。新豊岡市長が、湯島財産区の管理者となる。

西村は、北但大震災（一九二五年）時の町長として歴史に残る復興事業の先頭に立った四代目・西村佐兵衛（153ページ参照）の孫。佐兵衛は昭和三十六年（一九六一）、八十歳で亡くなった。佐兵衛は息を引き取る前、豊岡高校二年生だった西村を枕元に呼び寄せた。「佐兵衛の名を継いでくれ」が遺言となった。

温泉寺のふもとに建つ佐兵衛の銅像が、いまも町を見つめる。

合併後の城崎について論議する「まちづくり委員会」。「城崎このさき100年計画」を描いた。中央が早稲田大学の後藤春彦教授（2004年8月）

旅立ち

豊岡市と城崎町など一市五町が合併して発足する新「豊岡市」の人口は約九万二千八百人。人口比で城崎町は四・六％に過ぎない（平成十六年三月時点）。新豊岡市議会の定数は三〇。単純に地域割りすると、旧城崎町は一人から二人の市議しか新市議会に送り出せない。近代になって、城崎は初めて自前の自治体を失う。湯島財産区の権能は、所有する泉源や外湯の管理と処分に限られ、自治体のように借金して新しい事業を起こすなど、積極的な地域振興の役割を担うことはできない。

城崎は深刻なデフレ不況下でも、年間百万人が訪れる観光の町。ＰＲの仕掛けは欠かせない。安定した財政力と地域に奉仕する公務員を持つ自治体が、観光協会や商工会などと進めてきた町づくりは、どうなるのか。

「城崎まちづくり会社」という聞き慣れない言葉に、「城崎温泉町並みの会」代表の四角澄郎（昭和二十年生まれ）らは戸惑った。「町並

電柱・電線の地中化工事が2004年に終了した駅通り。すっきりした町並みと背景の山が調和している。突き当たりが地蔵湯（2004年8月）

みの会」は、昭和五十七年（一九八二）、「まんだらや」当主の石田弘（大正十二年生まれ。『石田手記』の石田松太郎の四男）らが作ったボランティア「町並みを守る会」に端を発する。木造三階建ての旅館街の良さを見直し、電柱・電線の地中化などを求めて活動してきた。

観光行政を中心に、旅館組合など業界団体やボランティアが協力し合い、時には対立しながら、城崎の町づくりは歩んできた。「まちづくり会社」とは、早稲田大学理工学部建築学科の後藤春彦研究室が提案したまったく新しい考え方だった。

大学の建築研究室といえば、カタカナだらけの難解な理論と奇抜なデザインの建物を連想する向きも多い。ところが、後藤研究室は、全国各地の自治体などから地域振興策の委託や研究を請け負う実践集団として知られ、地域景観・都市設計の分野で国際的な実績も残している。

最後の城崎町長・西村肇は、合併後に広がる空白を前に、「城崎このさき100年計画」と名づけた「城崎町中心市街地活性化基本計画」の策定を、後藤研究室に託した。因縁があった。北但大震災（一九二五年）後、全焼した温泉街復興の全体計画を描いたのが、早稲田大学

平成16年（2004）新築された柳湯。街並みに溶け込んだデザイン

の建築家たちだった（１６０ページ参照）。

後藤研究室の手法は、一見奇抜だった。「まちづくり劇場」と名づけた集まりでは、合併後の新豊岡市を想定、「理解のない市長」が登場して城崎の自治を否定する芝居を演じて見せた。住民と研究者が一緒に課題を探るワークショップを通して、計画づくりが進められた。一方で、温泉寺を中心とする町の歴史を調べ、住民の個人史も取材した。

城崎の発展策や景観計画は、過去にもいくつか提示されている。しかし、いずれも個人による発案の域を出なかった。専門家集団が住民を巻き込んで将来計画を作る試みは、初めてだった。後藤は「景観の基底をなす地域社会の仕組みからデザインすることを試みている」と強調する。お仕着せのメニューを示して、「後はどうぞ」という審議会的な答申ではなく、「新しいガバナンスのかたち」の創出を、何よりも重視した。「ガバナンス」とは、統治、支配、管理、社会的統括を意味する。固有の自治体なき城崎を、湯島の住民が温泉を主体にどうやって切り回して行くのか。その「仕組み」の核が「城崎まちづくり会社」だった。

四角は「まちづくり会社なんて、初めはうまく行くわけがないと思った。しかし、これまでにない提案だった。城崎が先駆者となりうる希望もある。今となっては、これでやるしかない」と受け止めた。

城崎町の消滅によって、行政的には、幕府の天領だった江戸時代の湯島村に戻る。

歩行者天国となった温泉街で花火を楽しむ家族連れ（2003年８月）

郷愁

温泉街の真ん中を流れる大谿川は、アオサギの格好の餌場《えさ》となっている。円山川からさかのぼって来る小魚を、鋭いくちばしが狙う。目と鼻の先でげたを鳴らして歩く旅行者など、お構いなし。鳥の足元をニシキゴイがゆったりと漂い、柳がそよぐ太鼓橋を浴衣姿の女性が通れば、まるで動く日本画のようだ。

城崎は昭和四十年代半ごろ、徹底した暴力団追放に取り組んだ。不法な風俗営業の一掃は、男性客を遠ざけたとの陰口も聞こえた。その後の不況が追い討ちをかけた。しかし城崎は、ほぼ二十年かけて、誰

大谿川でアオサギは餌を狙い、観光客は風情を楽しむ。城崎ならではの光景

もが安心して歩ける観光地としての評価を築いた。客層は、男性中心の団体客から、若者へと大転換した。何より、女性と家族連れの心をつかんだ。

暴力団との闘いは、城崎の人々の誇りに支えられていた。子どもたちに恥ずかしくない町を作りたい。志賀直哉が、有島武郎が、与謝野鉄幹・晶子が、柴野栗山が、吉田兼好らが残した文学のふるさととしての誇りだった。全町を壊滅させた大正十四年（一九二五）の北但大震災から、歯を食いしばってよみがえった誇りだった。


「遠い昔からこんなところへ来ることを、何回も夢で見ていたような感じです。ゆっくり 疲れを取って、また厳しい仕事に戻ります」

「何か懐かしい、母の胸にいるかのように、例えようもなく深い感謝の気持ちでいっぱいです」

「初めてこの地へ来たのに、なぜか前にも来たような気がする、そんなところです」

加藤美代三が描いた極楽寺本堂の襖絵。写真は冬の琵琶湖・浮御堂

温泉街の突き当たりにある極楽寺に、拝観者用のノートが置かれている。かれこれ二十数年分、十冊以上に旅行者の思いがつづられている。

「家の中を吹き抜けた嵐も過ぎ、家族という言葉を温かい気持ちで味わっています。（中略）何年か先、またここに寄せていただく機会もあると思いますが、そのときは今より少しは大きく静かな男になっていようと思います」

「心づくしのもてなし、ありがとうございました。踏みつけてしまった心の痛みを知るのに、時間がかかりすぎてしまいました。自身の愚かさに向き合って生きていきます」

「学生生活最後の旅行に城崎を選んでよかった。いつか愛する人と静かな気持ちでこの町を歩きたいと思います」

極楽寺の本堂は明治四十五年（一九一二）、全焼した。カラスがくわえてきた線香を、当時は草葺きだった屋根に落としたためと伝えられる。自由奔放な運筆で知られる江戸中期の画家・曽我蕭白《そがしょうはく》（一七三〇

豊かな山河にはぐくまれた温泉街

―八一）の襖《ふすま》絵や、室町時代を代表する画僧・吉山明兆（兆殿司《ちょうでんす》＝一三五二―一四三一）の作品も、失われた。本堂は大正十年（一九二一）再建されたが、襖絵の復活が寺の悲願だった。

寺は豊岡市出身の日本画家・加藤美代三（明治四十五年生まれ）に昭和五十六年（一九八一）、襖絵を依頼。加藤は三年の歳月をかけて、春の嵯峨野竹林、夏の香住海岸、秋の円山川、冬の比良・琵琶湖など、十面の水墨画を完成させた。加藤の絵は、対面する者を現実の風景の中に引き込んでしまうような力を持っている。

旅人は「城崎にて」、静かに自分を見つめる。そうさせるのは、町が深い郷愁を誘うからではないだろうか。

おわりに

城崎と向き合って、四半世紀が過ぎようとしている。

昭和五十四年（一九七九）、神戸新聞社に入社した私は翌年三月の異動で但馬総局に赴任、城崎担当となった。前任者に連れられ初めて城崎を回ったとき、温泉地の風情に接して気分が妙に浮き立ったのを覚えている。記者生活のスタートが神戸の警察担当だったため、但馬の自然と人情がより新鮮に感じられたのだろうか。当時、城崎温泉旅館協同組合の理事長は「つたや」の鳥谷晋一郎さんで、あいさつに訪れた生意気盛りの新人記者に対して「何でもどうぞ」と非常に丁寧に接していただいた。思えば『城崎物語』は、このときから始まっていたのかもしれない。

「城崎担当には昔から宿題がある。但馬では数少ない全国ブランドとしての城崎の連載だ」。但馬総局の先輩からヒントをもらった私は、大学で日本史を専攻していたこともあって城崎企画に意欲を持った。日常の仕事の合間に、連載を意識して資料収集を始めた。一年が過ぎ、取材ノートと資料は増えたが、なかなか最初の一行が書き出せなかった。

新聞連載をする限り、単なる「町史」になってはいけない。歴史を語りながら、現代の町のあり方を見つめ直せないか。そんな思いを持って、豊岡市から引っ越し城崎町民になった。毎晩、外湯に入って飲み歩き、旅館を回ってご主人たちから話をうかがった。

総局では陸井新吾デスクから、新聞連載の書き方を指導してもらい、昭和五十六年（一九八一）十月からの連載開始にこぎ着けた。北但大震災などの記述では、「物足りない」と原稿を突き返され、全面的に書き改めたこともあった。

連載に当たって、城崎の児島義一さんら但馬各地の郷土史家から、資料提供や助言をいただいた。読者の方々からも貴重な情報提供が相次いだ。『城崎物語』が生まれ、今回も含めると三回も版を重ねることができたのは、皆さんのおかげにほかならない。

今回の改訂版に向けた再編集と追加取材は、思いの外、難航した。新聞連載時から数えてほぼ四半世紀の歳月は、生半可な時間ではなかった。当時の但馬版で「いまでは」と書いた時制を、二〇〇五年の出版物に改める半年間の作業で、本一冊が朱で真っ赤に染まり、四百字詰め原稿用紙にして約七十枚分の差し替えと追加が必要になった。

さらに、城崎町は豊岡市などとの合併が迫っていた。自前の行政を失う城崎温泉はどうなるのか。不安の中にも、新しい芽を見つける取材を試みた。

新聞連載時、締め切りに追われて見切り発車した項目も多く、取材不足や配慮に欠ける表現、出典を明示していない引用もあった。今回、可能な限り加筆修正した。また平成二年（一九九〇）の新装・増補版は、加筆部分に無理があった。今回、新たな章「明日へ」を起こし、新項目を追加するとともに、旧版の一部を再構成した。取材の第一線を引いた身にはきつい仕事だったが、地方紙の記者として幸せな経験だった。

城崎と向き合ってきた、と言いながら、実は城崎に育てられ、癒やされてきたと、今になって気付いた。

城崎の画家・藤野つとむ氏の好意で、挿画は初版のまま使わせていただいた。表紙には城崎出身の若手日本画家・山田毅氏の作品をいただいた。写真収集や再取材では、温泉寺、極楽寺、城崎町まちづくり課、同温泉課、城崎町文芸館、城崎温泉観光協会などから大きな支援をいただいた。神戸新聞但馬総局の同人にも助けていただいた。ありがとうございました。

二〇〇五年一月

神戸新聞編集局地域報道部長　渡辺　昭義

●ご協力いただいた主な方々（敬称略、順不同）

高尾一彦／伊賀市太郎／萩原一郎／児島義一／石田弘／藤野力／住吉正一／小谷茂夫／坂田文一郎／鳥谷武一／山口久喜／秋山忠治／山本良英／片岡真一／西村四郎／西村六左衛門／大井義雄／中島謙治郎／鳥谷晋一郎／結城紘一／原田久美子／三宅元彦／原実／井上基一郎／前野治郎／小川祐泉／増田毅一／杉本ゆう／久保田寿一／中田静男／伊東佐一郎／早川徳二／月本陽蔵／由利紫山（以上初版当時）西村肇／西村進／井瀬邦夫／瀬川孝光／古池信幸／島谷隆治郎／後藤春彦／吉田道郎／四角澄郎／西垣文子（以上改訂版）

温泉寺／四所神社／極楽寺／蓮成寺／城崎町／同町教育委員会／城崎温泉旅館協同組合／同観光協会／城崎町文芸館／城崎町商工会／城崎警察署／豊岡測候所／豊岡郷土資料館

●主な参考文献

「城崎温泉史料集」（四十三年、湯島財産区）／「城崎小学校百年史」（五十三年、百周年記念事業委員会）／「城崎文学アルバム」（五十年、町教委）／「城崎温泉案内」（二十九年、内海定治郎）／「但馬史1〜5」（四十七〜五十四年、石田松蔵、宿南保）／「温泉学」（四十四年、湯原浩三、瀬野錦蔵）／「豊岡市史上巻」（五十六年、同編集委員会）／「兵庫県史一、二巻」（四十九、五十年、同編集専門委員会）／「日高町史上巻」（五十一年、同編集専門委員会）／「日本発見⑱湯けむりの里」（五十五年、暁教育図書）／「但州城崎『温泉寺縁起帳』をめぐって」（五十三年、菊川丞「芦屋ゼミ四号」所収）／「きのさき温泉と温泉寺」（三十年、白井繁太郎）／「きのさきの話」（三十五年、伊藤俊三）／「城崎町年表史」（四十二年、町温泉課）／「北但震災誌」（大正十五年、兵庫県）／「有馬温泉史話」（十三年、小沢清躬）／「道後温泉」（四十九年、同編集委員会）

本書へのご意見やご感想がございましたら
watanabe-ay@kobe-np.co.jpまでお寄せ下さい。

2005年改訂時以降、市町名・駅名等に一部変更がありますが、増刷にあたり本書の記述は当時のままとしています。

城崎物語《きのさきものがたり》 改訂版《かいていばん》

2005年２月25日　第１刷発行
2014年２月10日　第３刷発行

編　者——神戸新聞《こうべしんぶん》但馬総局《たじまそうきょく》
発行者——山下　俊一
発行所——神戸新聞総合出版センター
〒650‐0044
神戸市中央区東川崎町1‐5‐7 神戸情報文化ビル９階
Tel 078(362)7140　Fax 078(361)7552
印刷所——中部印刷株式会社

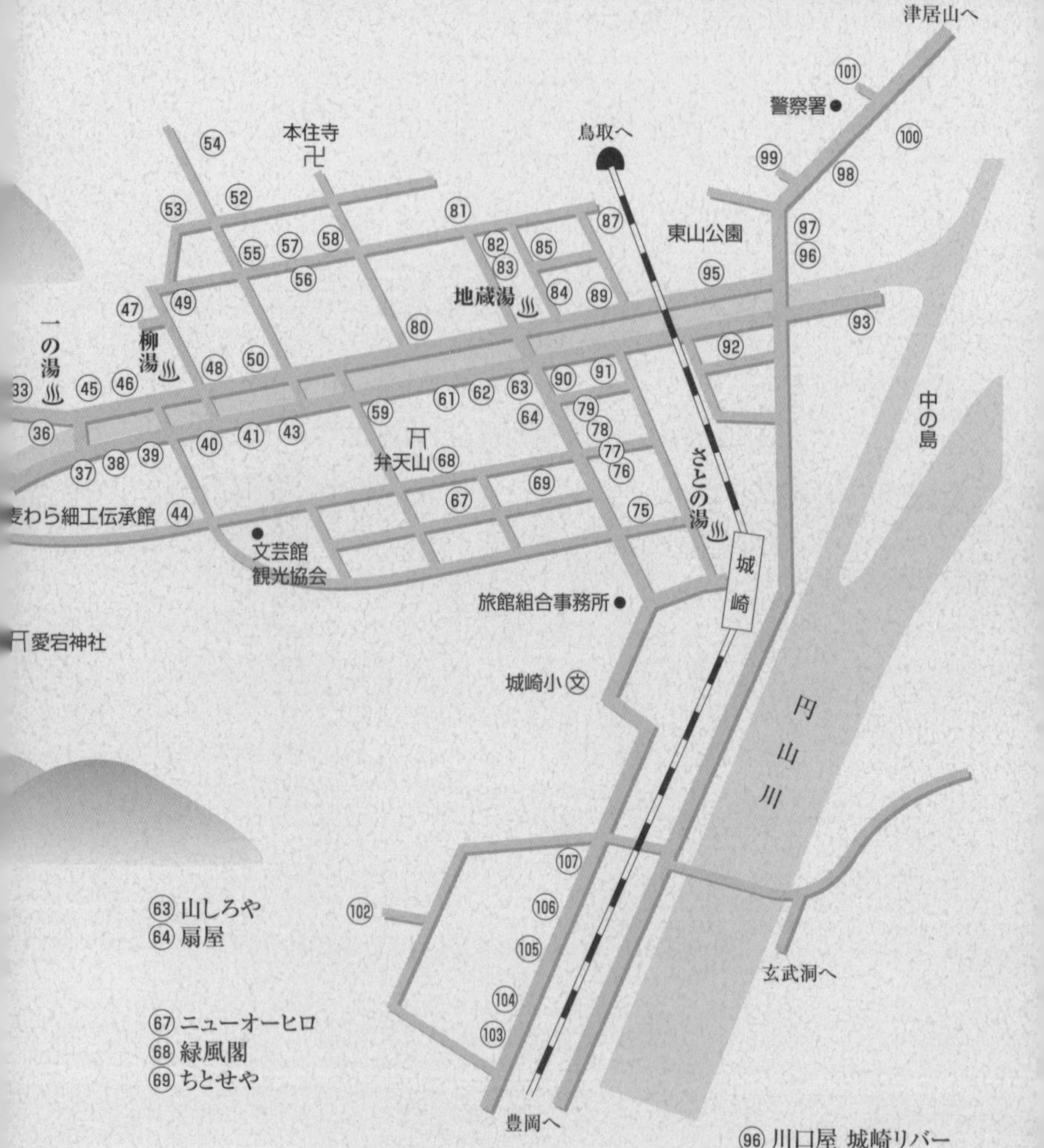

63 山しろや
64 扇屋

67 ニューオーヒロ
68 緑風閣
69 ちとせや

75 油屋
76 よしはる
77 丹波屋
78 みつわ
79 三国屋
80 赤石屋
81 はやかわ
82 かたおか
83 寿荘

84 あさごや
85 つばきの

87 こやま

89 いちだや
90 市松
91 大川
92 あさみや
93 泉都オータニホテル

95 城崎観光ホテル東山荘

96 川口屋 城崎リバーサイドホテル
97 あさぎり荘
98 ブルーきのさき
99 大西屋 水翔苑
100 芹
101 天望苑
102 足軽
103 水郷
104 水明
105 今津
106 幸楽園
107 白山